SUPERA *la* ANSIEDAD

ADELANTE

STANLEY H. BLOCK
CAROLYN BRYANT BLOCK

SUPERA *la* ANSIEDAD

DIANA

Título original: *Mind-Body Workbook for Anxiety*
© 2010, Stanley H. Block y Carolyn Bryant Block
Derechos reservados

© 2017, Editorial Planeta Mexicana, S.A. de C.V.
Bajo el sello editorial DIANA M.R.
Avenida Presidente Masarik núm. 111, Piso 2
Colonia Polanco V Sección
Delegación. Miguel Hidalgo
C.P. 11560, Ciudad de México
www.planetadelibros.com.mx

Diseño de portada: Genoveva Saavedra García
Traducido por: Benjamín de Buen
Diseño de interiores: Carmen Gutiérrez

Primera edición impresa: septiembre de 2017
ISBN: 978-607-07-4333-7

Impreso en los talleres de EDAMSA Impresiones, S.A. de C.V.
Av. Hidalgo núm. 111, Col. San Nicolás Tolentino, Ciudad de México
Impreso en México – *Printed in Mexico*

CONTENIDO

Reconocimientos   **6**

Introducción   **7**

1   Usa tus sentidos para reducir la ansiedad   **13**

2   Empieza a sanar tu ansiedad reconociendo los requisitos   **31**

3   Controla a tu depresor, empieza a sanar   **57**

4   Controla tu reparador para superar los comportamientos que te provoca el estar cargado de ansiedad   **81**

5   Desactiva tus requisitos para prevenir el sentirte ansioso   **113**

6   Construye relaciones libres de ansiedad   **139**

7   Controla tus emociones   **173**

8   Cómo obtener salud y bienestar   **199**

9   Vivir sin ansiedad   **223**

Apéndice A: guía de mapas puente mente-cuerpo para cada día   **247**

Apéndice B: lenguaje mente-cuerpo   **255**

Referencias   **259**

RECONOCIMIENTOS

Este manual para reducir la ansiedad ha sido desarrollado con el apoyo de personas que la han padecido y, quienes han compartido con nosotros su manera de usar las prácticas de puente mente-cuerpo para liberarse de sus síntomas y sanar por cuenta propia. Aunque no hemos hecho referencias específicas a otras personas que trabajan en este campo, apreciamos su trabajo de vanguardia. Los clínicos de todo el mundo que usan, desarrollan y afinan las prácticas de puente mente-cuerpo, cuentan con nuestra gratitud. Merecen menciones específicas los miembros del International Mind-Body Bridging Certification Committee: Don Glover, Rich Landward, Theresa McCormick, Andrea Phillips, Isaac Phillips y Kevin Webb. Apreciamos enormemente los esfuerzos de investigación de Yoshi Nakamura, David Lipschitz y Derrik Tollefson para establecer una base firme de evidencia para las prácticas de puente mente-cuerpo. Carol Ann Kent, coordinadora de PMC, ha sido muy capaz asistiéndonos en la preparación de este manual. La orientación de los editores en New Harbinger Publications ha sido de una enorme ayuda.

INTRODUCCIÓN

Los seres humanos estamos hechos para la ansiedad. Nuestras mentes son tan capaces de crear historias sobre sucesos del pasado o las posibilidades del futuro, que siempre existe la posibilidad de que ocurra un desastre en nuestra conciencia. Nuestro sistema nervioso es tan eficiente que todo lo que sucede en él se transmite inmediatamente a cada órgano del cuerpo. La preocupación por hacer ciertas cosas o estar en situaciones particulares domina nuestra mente y cuerpo de tal manera que el miedo y la evasión controlan nuestras vidas. Los pensamientos ansiosos —miedo de perder el control, recuerdos desagradables del pasado y ciertos impulsos desconcertantes— provocan que el cuerpo responda con síntomas como palpitaciones, dolor de pecho, falta de aliento, mareos, temblores o senasación de vacío en el estómago.

ANSIEDAD

Sufrir este trastorno es como vivir con una bomba de tiempo que puede estallar en cualquier momento. Cuando menos lo esperas puedes empezar a experimentar preocupación intensa, miedo o angustia corporal aguda. Tu vida se vuelve cada vez más limitada porque consumes tu energía en evitar los detonantes que te causan ansiedad.

Vivir ansioso puede significar que tu vida está dominada por un cuerpo sobreestimulado, pensamientos preocupantes y comportamientos desconcertantes que son difíciles de controlar. Algunas veces sentirás la necesidad de dedicar mucho tiempo a comportamientos repetitivos (lavarte las manos, ordenar, revisar), que no resultan benéficos para ti ni para nadie, para tratar de reducir tu ansiedad. En otros momentos te preocuparás excesivamente por actividades cotidianas. El miedo de ciertas escenas sociales o lugares públicos (elevadores, teatros, fiestas, tiendas con mucha gente, aviones) te impedirá salir o hacer muchas cosas. Tal vez te acosen indiscretamente pensamientos o imágenes sexuales o agresivas. Por último, aquellos que hayan vivido experiencias traumáticas en el pasado pueden verse obligados a vivir como si este estuviera anclado para siempre en cada célula de su mente y cuerpo, y cualquier recordatorio de dicho trauma puede provocar ansiedad intensa. Día y noche, es imposible evitar revivirlo.

Este manual te ofrece herramientas sencillas y fáciles de usar para reducir la ansiedad, las cuales tranquilizarán tu mente y tu cuerpo de manera natural. Si las usas de manera cotidiana, sentirás cómo la presencia constante de tu propio poder te tranquilizará. Tu capacidad para sanar es tan poderosa que hasta los síntomas más duraderos y severos responderán.

SISTEMA DE IDENTIDAD (SISTEMA-I)

El sistema holístico que regula los estados de la mente y el cuerpo se llama *Sistema-I*. Puede estar activo (encendido) o en reposo (apagado). (Block y Block, 2007; Block y Block, 2010; Block y Block, 2012; Block y Block, 2013). El Sistema-I se activa cuando tienes síntomas de ansiedad. Sabes que está activado cuando tu mente se llena de miedo y pensamientos desconcertantes, y tu cuerpo responde con una variedad de síntomas. Se llama *Sistema-I* porque cuando este se enciende te identificas falsamente con los contenidos de tus pensamientos descontrolados y la angustia física que los acompaña. Estar consciente de la existencia de este sistema es crucial, porque cuando se activa, afecta el funcionamiento natural de tu cuerpo. Cuando encuentras que tu cuerpo atraviesa los síntomas habituales de que se siente ansioso, te das cuenta de que tu Sistema-I está generando la angustia mental y corporal que te impide vivir libre de ansiedad. Al activarse el Sistema-I, vives como si tu cuerpo y tu mente fueran tus enemigos. Tu existencia diaria se convierte en una batalla.

EL PUENTE MENTE-CUERPO (PMC)

Una manera efectiva de apagar el Sistema-I y comenzar a recuperarse es crear un puente o una conexión entre la mente y el cuerpo. Cuando tu Sistema-I está en calma, ambos trabajan en cooperación (se conectan) para que dejes de sentir pánico y preocupación excesiva, y que te sientas libre para vivir tu mejor vida. El puente mente-cuerpo, una rama de la medicina de la mente y el cuerpo, puede, en un principio, parecerse a otros métodos terapéuticos, como la terapia dialéctica conductual (TDC; Linehan, 1993), la terapia cognitiva-conductual (TCC; Beck, 1995), la terapia de aceptación y compromiso (TAC; Hayes, 2005), la reducción del estrés basada en la conciencia plena (REBCP; Williams *et al.*, 2007) y otros métodos terapéuticos. Sin embargo, las investigaciones recientes (Tollefson *et al.*, 2009; Nakamura *et al.*, 2011; Nakamura *et al.*, 2013) y las experiencias clínicas demuestran que las prácticas mente-cuerpo son únicas porque su efecto terapéutico es muy poderoso y sus efectos se notan muy pronto (desde la primera semana). Las investigaciones también han demostrado que las prácticas mente-cuerpo reducen rápidamente los niveles de alfa-amilasa, que constituyen el marcador biológico de la ansiedad y el estrés (Lipschitz *et al.*, 2013).

En el puente entre la mente y el cuerpo, la premisa principal es que siempre estamos conectados a una fuente de bienestar y de sabiduría que nos ayuda a sanar. Tus síntomas son dolorosos porque la activación del Sistema-I te impide alcanzar tu propia capacidad para sanar. Cuando logras silenciar a tu Sistema-I, puedes empezar a eliminar los síntomas de que estás ansioso.

LA BASE DEL CEREBRO

Los estudios del cerebro (Weissman *et al.*, 2006) han encontrado dos redes de funcionamiento con características diferentes: una red ejecutiva y una red estándar. La *red ejecutiva* coordina cómo vemos al mundo, cómo pensamos, cómo decidimos y nos comportamos de un momento a otro. La *red estándar* funciona cuando tenemos pensamientos exagerados sobre nosotros mismos y nuestras experiencias, los cuales nos vuelven complicado responder apropiadamente a las situaciones que surgen. Los investigadores han descubierto que al activarse la red estándar (encenderse), la red ejecutiva está inactiva (apagada) (Boly, Phillips, Balteau *et al.*, 2008). Sólo una de las redes puede tener control a la vez.

Por medio de una imagen por resonancia magnética funcional (IRMF), los científicos y doctores pueden obtener imágenes de los cambios que ocurren cuando el cerebro está ocupado. Shaun Ho (Block, Ho y Nakamura, 2009) sugiere que el Sistema-I está vinculado con la red estándar y que el puente mente-cuerpo lo está con la red ejecutiva. Las investigaciones (Boly, Phillips, Tshibanda *et al.*, 2008) demuestran que cuando la red estándar está «apagada», tu red ejecutiva toma el control y regula tu mente para que puedas funcionar de la mejor manera. El Sistema-I es el causante de que todos tus esfuerzos para dejar de sentirte ansioso no hayan dado fruto. El puente mente-cuerpo tranquiliza al Sistema-I de tal manera que te permite sanar y funcionar naturalmente en el modo ejecutivo.

Piensa en un gran interruptor en tu cerebro que enciende y apaga el Sistema-I (el modo estándar). Cuando está encendido, tu funcionamiento ejecutivo no lo está y te vuelves susceptible a la ansiedad. Si el interruptor está apagado, entonces funcionas bien, puedes estar relajado y acceder a tu fuente de bienestar y sabiduría, así como encontrar tu capacidad para sanar.

LENGUAJE MENTE-CUERPO

Tu mente y tu cuerpo no funcionan de manera independiente, ya que son una unidad que no puedes separar (*unidad mente-cuerpo*). En este libro aprenderás un lenguaje mente-cuerpo clínicamente validado que te permitirá conocer, conectarte y manejar tu cuerpo como nunca antes. Dicho lenguaje, que es fácil de entender, enmarca tus estados mente-cuerpo en términos de un Sistema-I activo (encendido) o inactivo (apagado). Al conocerlo obtendrás el poder para reducir tus síntomas rápidamente y así sanar tu ansiedad.

A veces te sientes muy ansioso y con la cabeza llena de pensamientos perturbadores que te llenan de miedo, sientes el cuerpo tenso, y no logras ver la luz al final del túnel. Este estado de mente y cuerpo es el *yo impotente*, el cual también afecta a cada célula de tu cuerpo. Es una consecuencia de la actividad en tu Sistema-I, no de tus pensamientos o circunstancias. El yo impotente te encierra en una caja y te impide acceder a tu poder de sanar.

El presente manual se hizo con base en la idea de que tu *mente-cuerpo* (ambas partes de ti funcionando como unidad) tiene la capacidad para sanar tu ansiedad y hacer que vivas mejor. Dicho estado es tu *yo poderoso* natural que siempre funciona en el modo ejecutivo. Si usas las herramientas de este libro, encontrarás pronto el camino para llegar a un estado natural de armonía y equilibrio, donde tu mente y cuerpo trabajarán juntos. Cada capítulo inicia con una lista del nuevo lenguaje que se usará en ese apartado.

CÓMO USAR ESTE LIBRO

El manual ofrece poderosos ejercicios fáciles de realizar que te ayudarán a que dejes de sentirte ansioso. En el capítulo 1 «Usa tus sentidos para reducir la ansiedad» descubrirás la raíz de ésta, de tal forma que podrás experimentar con esas nuevas herramientas, fáciles de aplicar en tu vida diaria, para reducirla. En cada capítulo podrás seguir desarrollando, usando y personalizando las herramientas efectivas a través del sencillo método *Descubre, experimenta y aplica*. De igual manera, cada capítulo construye los cimientos para el siguiente. Es importante hacer los ejercicios y leer los capítulos en secuencia para que puedas crear un fundamento sólido que te ayude a ir hacia delante y aliviar tus síntomas. A medida que avances por los capítulos aumentará la lista de herramientas con las que, en cualquier situación de tu vida, contarás para sanar.

A lo largo del libro encontrarás un medidor de calidad de vida PMC (puente mente-cuerpo) que te ayudará a calcular los cambios que experimentes. Al final de cada capítulo hay una Escala de Evaluación PMC que te permitirá saber si estás obteniendo adecuadamente todos los beneficios de las herramientas. Una vez que las uses en tu vida diaria, verás que tú mismo puedes reducir los síntomas de ansiedad y sanarás.

CAPÍTULO 1

USA TUS SENTIDOS PARA REDUCIR LA ANSIEDAD

Descubre, siente y aplica

Descubre cómo el Sistema-I te provoca ansiedad.

Siente cómo puedes sintonizar con tus sentidos para reducirla.

Aplica las herramientas para reducir la ansiedad en tu vida diaria.

Lenguaje Mente-Cuerpo

Sistema-I: todos tenemos un Sistema-I que está activo (encendido) o inactivo (apagado). Cuando está encendido, genera ansiedad. Sabes que está así cuando sientes que tu mente gira fuera de control, tu cuerpo está tenso, tu estado de conciencia se contrae y tu funcionamiento físico y mental disminuye. Se conoce como Sistema-I porque provoca que te identifiques falsamente con los pensamientos descontrolados y la angustia que generan.

Yo poderoso: es tu manera de pensar, sentir, ver el mundo y comportarte cuando tu Sistema-I está en reposo. Tu yo poderoso siempre funciona en el modo ejecutivo, por lo que tu mente y cuerpo actúan en armonía, como una unidad para sanar.

Puente mente-cuerpo (PMC): cuando usas las herramientas de este manual, formas un puente entre tu Sistema-I activo, que puede encender la ansiedad, y tu yo poderoso que trabaja en el modo ejecutivo y lleva la vida diaria de manera sana, sin sobresaltos.

DESCUBRE LA CAUSA DE TU ANSIEDAD

Comencemos descubriendo qué es lo que te hace sentirte ansioso. Piensa en una situación que te genere ansiedad (por ejemplo, estar en medio de una multitud). Escríbela en el óvalo incluido en en esta página. Si necesitas ayuda, puedes consultar el mapa de muestra de la siguiente página. Ahora, toma un par de minutos para escribir, alrededor del óvalo, cualquier pensamiento sobre esa situación. Trata de ser lo más específico posible. Trabaja rápidamente, sin editar tus pensamientos.

MAPA DE LA *SITUACIÓN* QUE ME PROVOCA ANSIEDAD

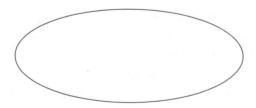

A. ¿Tu mente está despejada o saturada de pensamientos?

_____

B. ¿Tu cuerpo está tenso o relajado? Haz una lista de las partes de tu cuerpo que están tensas y describe la sensación.

_____

_____

C. Cuando tu mente y tu cuerpo están en estas condiciones, ¿cómo te sientes y cómo te comportas?

_____

_____

Probablemente pienses que lo que causa la ansiedad es la situación que ves en el mapa. ¡Pero no lo es! Acabas de sentir tu Sistema-I activo. En una situación particular, es tu Sistema-I y no la situación la que te satura la mente y te genera tensión en el cuerpo, limitando tu capacidad para actuar de manera relajada. El siguiente mapa te mostrará la causa de tu ansiedad. También te enseñará el primer paso crucial para reducirla.

MAPA DE MUESTRA: *SITUACIÓN QUE TE PROVOCA ANSIEDAD*

No hay salida.

Odio estar encerrado.

No puedo respirar.

Las multitudes son peligrosas.

ESTAR EN MEDIO DE UNA MULTITUD

Nunca se sabe lo que la gente es capaz de hacer.

Pensar en una multitud me da taquicardia.

Hay muchas historias acerca de gente aplastada por una multitud.

A. ¿Tu mente está despejada o saturada de pensamientos?

Mi mente está saturada de pensamientos ansiosos sobre estar en medio de una *multitud.*

B. ¿Tu cuerpo está tenso o relajado? Haz una lista de las partes de tu cuerpo que están tensas y describe la sensación.

Siento que algo aprieta mi cabeza, me cuesta respirar, siento tensión en todo el *cuerpo.*

C. Cuando tu mente y tu cuerpo están en estas condiciones, ¿cómo te sientes y cómo te comportas?

Siento ansiedad. Evito las multitudes a toda costa.

¿CÓMO PUEDES REDUCIR TU ANSIEDAD?

La siguiente sección de este ejercicio puede cambiar tu vida para siempre, porque te muestra la causa de que te sientas ansioso y cómo reducir la sensación. Para hacer este importante mapa es conveniente estar en una habitación en la que no haya distracciones, como la televisión, personas platicando o equipos electrónicos. Describe esa misma situación (la que colocaste en el óvalo del primer mapa) en el siguiente óvalo. Antes de continuar siéntate cómodamente, escucha los sonidos que te rodean, siente la presión de tu cuerpo sobre tu asiento, siente tus pies sobre el piso y la pluma que tienes en la mano. Tómate tu tiempo. Si tienes algún pensamiento, regresa suavemente a escuchar los sonidos de tu entorno y a sintonizarte con tus sentidos. Cuando logres relajarte, empieza a anotar lo que te venga a la mente sobre tu situación. Observa cómo el papel absorbe la tinta, siente la pluma en tu mano y escucha los sonidos del fondo. Escribe durante un par de minutos.

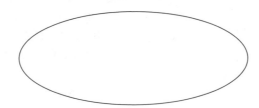

A. ¿Tu mente está despejada o saturada de pensamientos?

_____

B. ¿Tu cuerpo está tenso o relajado?

_____

_____

C. Si comparas este mapa con el primero que hiciste, ¿qué diferencias encuentras entre ellos?_____

_____

Si este segundo mapa no varía del primero, busca un lugar tranquilo y, con calma, elabora uno nuevo siguiendo las últimas instrucciones.

D. ¿Cómo te sentirías y cómo sería tu comportamiento en este estado de mente-cuerpo?_____

_____

E. ¿Si pudieras vivir tu vida con tu mente-cuerpo en este estado, crees que tu existencia sería mejor?

　　　Sí _____　　　　　No _____

El ejercicio que acabas de realizar es un *mapa de mente-cuerpo*. Estos importantes mapas de dos partes son ejercicios escritos breves que sólo requieren un par de minutos. Los mapas son una toma instantánea de tus pensamientos y tus niveles de tensión corporal.

Mira las diferencias entre tus dos mapas completos. El primero es una muestra de la acción de tu Sistema-I. En el segundo pudiste sentir lo que ocurre cuando el Sistema-I está en silencio. Experimentaste cómo al acudir a tus sentidos, enfocándote en las sensaciones de tu cuerpo y los sonidos del ambiente, el Sistema-I se apaga automáticamente, la tensión de tu cuerpo se relaja y se reduce tu ansiedad. El puente mente-cuerpo usa la mente y el cuerpo para trasladarte de ese sitio donde te sientes ansioso y restringido al lugar donde se encuentra tu yo poderoso en modo ejecutivo. Recuerda, tu yo poderoso se refiere a cómo piensas, te sientes y ves el mundo, y a tu comportamiento cuando tu Sistema-I está en reposo.

Cuando hiciste el primer mapa estabas abrumado por la ansiedad y la preocupación, y no te quedaba espacio para usar tu poder para sanar. Cuando logras silenciar a tu Sistema-I, como hiciste en el segundo mapa, te asientas y eres más capaz de responder a situaciones de una manera saludable (como lo muestra la figura 1.1 en la siguiente página). Date cuenta de que la situación no ha cambiado. Al sentir la mente alterada y la ansiedad empiezas a creer que eres un pequeño recipiente y que sólo empleas un porcentaje muy pequeño de tu capacidad de funcionamiento ejecutivo. Al silenciar a tu Sistema-I te conviertes en un contenedor más grande. Con las prácticas de puente mente-cuerpo, tu espacio para manejar la ansiedad que experimentas y encarar situaciones se expande y puedes regresar a tu poderoso estado de recuperación. Esta analogía de contar con un espacio más grande para enfrentar los desafíos de la vida se refiere justamente a lo que hacen las prácticas de puente mente-cuerpo. Ahora es posible enfrentar situaciones desconcertantes de una forma más rápida y saludable, sin ataques de ansiedad. Tu capacidad para salir adelante en situaciones en las que te sientes ansioso mediante tu funcionamiento ejecutivo se acumula naturalmente. Recuerda que no tienes que obligarte a funcionar con naturalidad; esta habilidad se desarrollará por su cuenta. Es tu derecho de nacimiento.

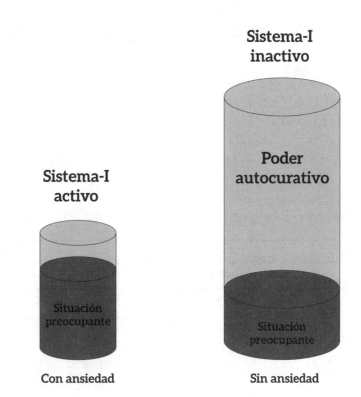

**Sistema-I
inactivo**

**Poder
autocurativo**

**Sistema-I
activo**

Situación
preocupante

Situación
preocupante

Con ansiedad

Sin ansiedad

Figura 1.1 ¿En cuál de los dos contenedores te encuentras?

Cuando te sientes ansioso te percibes como un recipiente pequeño y limitado. Tu capacidad para salir adelante en situaciones desconcertantes (la parte oscura de las imágenes en la figura 1.1) se reduce. Por error has creído que ese pequeño recipiente eres tú realmente. Por ello, sólo puedes usar una parte de tus poderes de recuperación (la zona clara de las imágenes). Cuando tu Sistema-I está activo, te sientes limitado e incapacitado para moverte. Esta sensación te impide controlar tu ansiedad.

Cuando el Sistema-I está en reposo te conviertes automáticamente en un recipiente más grande. La situación no ha cambiado, pero el espacio en el interior del recipiente sí. La región más clara del dibujo grande (que representa tu capacidad de recuperación y tu habilidad para controlar la ansiedad) se expande una vez que logras apagar al Sistema-I.

MEDIDOR DE CALIDAD DE VIDA DE PMC

Fecha: _____

Es hora de llenar el primer indicador de calidad de vida de PMC. Esta escala se repite a lo largo del libro para que midas el impacto que estas técnicas tienen en tu calidad de vida.

Sólo debes usar este indicador cuando te has habituado a utilizar las herramientas para reducir la ansiedad expuestas en los primeros cuatro capítulos. Te permitirá medir tu progreso y llevar la cuenta de las experiencias que han cambiado tu vida.

En los últimos siete días ¿cómo te has sentido en los siguientes rubros?

Subraya el número que corresponde a tu respuesta.	Nunca	Algunos días	Más de la mitad de los días	Casi todos los días
1. He sentido un interés positivo y placer en mis actividades.	0	1	3	5
2. He sentido optimismo, emoción y esperanza.	0	1	3	5
3. He dormido bien y me he despertado sintiéndome descansado.	0	1	3	5
4. He tenido mucha energía.	0	1	3	5
5. He logrado concentrarme en mis deberes y he tenido autodisciplina.	0	1	3	5
6. Me he mantenido con buena salud, he comido bien, he realizado ejercicio y me he divertido.	0	1	3	5
7. Me he sentido bien en mis relaciones con familiares y amigos.	0	1	3	5
8. He sentido satisfacción con mis logros en casa, en el trabajo o en la escuela.	0	1	3	5
9. He sentido tranquilidad respecto a mi situación económica.	0	1	3	5
10. Me he sentido bien con la base espiritual de mi vida.	0	1	3	5
11. Me he sentido satisfecho con el rumbo de mi vida.	0	1	3	5
12. He experimentado satisfacción y una sensación de bienestar y paz mental.	0	1	3	5

Resultados: Total por columna _____ _____ _____ _____

0-15 .... Pobre
16-30 .... Regular
31-45 .... Bueno   Total _____
46 o más .... Excelente

HERRAMIENTAS PARA REDUCIR LA ANSIEDAD

¿Recuerdas el ejercicio de los mapas? Cuando hiciste el primer mapa exploraste una situación que te hacía sentir ansioso. El segundo te permitió explorar esa misma situación con el cuerpo más tranquilo y la mente más despejada. Los efectos duraron posiblemente un tiempo prolongado, o tal vez fueron breves. Con respecto a tu segundo mapa ¿qué fue lo que te distrajo de los sonidos de fondo, de sentir la pluma y observar cómo el papel absorbía la tinta? Así es, fueron tus propios pensamientos. El Sistema-I hace girar tu mente, tensa tu cuerpo y te bloquea los sentidos. Convierte una situación desconcertante en angustia interior y ansiedad. La práctica de etiquetar tus pensamientos y las prácticas de puente de conciencia serán las herramientas que aprenderás a utilizar en este capítulo, las cuales te ayudarán a sentirte cada vez menos ansioso.

Etiquetar pensamientos

Los pensamientos de tu mente son positivos y negativos por naturaleza. Nunca podrás deshacerte de tus pensamientos negativos. Es más, tratar de deshacerte de ellos no funciona, porque cuando los haces a un lado, les das más energía y, como consecuencia, te sientes más ansioso.

Cuando aparecen esos pensamientos desconcertantes, se vuelve útil etiquetarlos por medio de una herramienta para reducir la ansiedad llamada *etiquetar pensamientos*. Es una práctica en la cual verás que un pensamiento es *sólo un pensamiento*. Esto previene que el Sistema-I se apodere de la persona y convierta esto en una historia que cruce el puente mente-cuerpo llenándola de ansiedad. Una vez que ocurre lo anterior, el pensamiento ya no es un pensamiento, sino un estado de angustia mental y corporal.

Veamos cómo funciona la práctica de etiquetar pensamientos. Recuerda algún pensamiento que altere tu ánimo. Por ejemplo, *¿cerré la puerta con llave?* Por ser uno que te causa ansiedad, es presa fácil para tu Sistema-I. El pensamiento se ha convertido en el jefe y tú en su sirviente. Al momento de introducirse en tu mente tan cargado de tensión, puedes decirte en tu interior: *Es aquel pensamiento, «¿cerré la puerta con llave?»*. Algunas personas incluso lo complementan con *y un pensamiento es sólo un pensamiento*. Reconocer que es solamente un pensamiento es una de las herramientas que impedirán que el Sistema-I lo capture. Si el Sistema-I no se aferra a tus pensamientos, entonces tu yo poderoso en modo ejecutivo controlará la situación sin hacerte sentir demasiado ansioso.

Sara, madre de 35 años de edad y respetada terapista de masajes, parecía tener la vida bajo control. Pero sus pensamientos abrumadores sobre «lo que podía salir mal» causaban que se preocupara en exceso por los problemas del trabajo y la casa, los cuales comenzaban a interferir con su capacidad para supervisar al personal del spa. Una amiga le recomendó probar las prácticas de puente mente-cuerpo. Sara descubrió que etiquetar sus pensamientos tranquilizaba los arranques de su Sistema-I y reducía su preocupación. En su blog escribió: «El puente entre la mente y el cuerpo me enseñó a estar en control de mis pensamientos y me cambió la vida». Ahora, cuando piensa *¿qué pasa si los clientes dejan de venir?*, lo etiqueta como *el pensamiento, «¿qué pasa si los clientes dejan de venir?»*, y un *pensamiento es sólo un pensamiento.* El matrimonio de Sara y la relación con sus hijos, además de su capacidad para supervisar al personal del spa, mejoraron drásticamente.

Etiqueta tus pensamientos para reducir tu ansiedad. Durante el día, cuando los pensamientos que te provocan sentirte ansioso te alejen de lo que estás haciendo, etiquétalos y regresa a tu actividad. Por ejemplo, si estás en la regadera y el pensamiento *no sé cómo voy a superar el día* entra en tu mente, debes decir: *es el pensamiento «no sé cómo voy a superar el día»*, y entonces continúa con tu baño, siente el agua en tu cuerpo y escucha los sonidos de la regadera.

Prácticas de puente de conciencia

Cuando el Sistema-I está activo se bloquean tus sentidos y sólo logras estar consciente de que estás ansioso. Es como taparte las orejas con las manos para bloquear cualquier otro sonido. El Sistema-I no sólo te impide escuchar los sonidos que te rodean, sino también que sientas a tus poderes de recuperación que están siempre presentes. Al usar tus sentidos, tu Sistema-I se tranquiliza y te permite enfrentar tus desafíos con una mente calmada y dispuesta, y con el cuerpo relajado.

Las prácticas de puente de conciencia usan tus sentidos para formar un puente entre una vida llena de ansiedad (donde el yo impotente del Sistema-I está en control) y una vida plena (donde el yo poderoso y su funcionamiento ejecutivo están en control). Construir el puente es más fácil de lo que crees.

Una noche lluviosa, Jeff, veterano de la Guerra de Vietnam con un historial de trastorno por estrés postraumático (TEPT), estaba cuidando a sus nietos y recibió una llamada de emergencia para avisarle que debía ir al hospital de inmediato porque su padre, un hombre mayor, acababa de sufrir un infarto severo. Jeff detestaba conducir durante tormentas, especialmente de noche, porque le recordaba a la lluvia torrencial de Vietnam. Al no tener otra opción, subió a sus nietos al auto y empezó a conducir. Su mente se llenó de pensamientos acelerados y comenzó a sentir tanta presión en el pecho que se le dificultaba la respiración. Por medio de sus prácticas de puente mente-cuerpo empezó a sentir el volante y pudo desaferrar sus manos. Escuchó el sonido del motor, sintió las vibraciones del camino y puso atención en éste. Al final del trayecto el ruido de la lluvia dejó de desquiciarlo. Nos dijo: «Mis prácticas de puente de conciencia nos salvaron la vida, a mí y a mis nietos».

CONCIENCIA DE LOS RUIDOS DE FONDO

Tu entorno está lleno de sonidos. Durante el día, detente y escucha los ruidos de fondo, como el ruido blanco de la calefacción o el sistema de aire acondicionado, el viento, el tráfico o el ronroneo del refrigerador. Si tus pensamientos comienzan a girar, etiquétalos y regresa tu conciencia tranquilamente a tus actividades. Observa lo que ocurre con tu mente y cuerpo cuando te enfocas en los ruidos de fondo.

Lynette, de 28 años de edad, acudió con un terapeuta de mente-cuerpo por recomendación del albergue para víctimas de violencia doméstica donde se hospedaba. Además de escaparse de un hogar abusivo en su adolescencia, vivió varios años en la calle antes de entrar en un matrimonio también abusivo.

Cuando entró por primera vez en la oficina de la terapeuta, irradiaba desconfianza y cautela. Una vez que inició la entrevista, la ansiedad se apoderó de ella, dijo que no podía respirar, empezó a llorar y a temblar. Su terapeuta no sabía mucho sobre ella, pero le pidió que escuchara los sonidos de la oficina un momento. Lynette lo hizo a regañadientes, cerró los ojos, respiró más lentamente y en menos de un minuto sus lágrimas cesaron. Siguió escuchando hasta que se tranquilizó. Después de que la terapeuta le pidió que abriera los ojos, Lynnette dijo: «¿Qué hiciste? ¡Me siento tranquila por primera vez en años!». La terapeuta explicó que no había hecho nada más que ayudarle a reposar su mente saturada y su cuerpo tenso. Conforme avanzó la terapia, Lynette aprendió a tranquilizar a su Sistema-I activo y sufrió cada vez menos ataques de ansiedad. Cuando llegaba a sufrir un ataque, podía superarlo rápidamente gracias a sus herramientas para reducirla.

CONCIENCIA DEL TACTO

Tocamos cientos de cosas todos los días. ¿Estuviste consciente hoy de lo que sentiste en las yemas de tus dedos cuando tocaste tus zapatos, calcetines, camisa, llaves, tenedor, reloj, papel, teléfono o computadora? ¿Estuviste consciente de tus sentidos al entrar en contacto con tu hijo o con alguna amistad cercana? ¿Sentiste el calor de la taza de café o el frío de la botella de agua que tienes en las manos? Lo más seguro es que no. Tu Sistema-I ha anestesiado tu cuerpo, te ha apartado de tus sentidos. Sintonizarte con tu sentido del tacto es otra práctica para crear un puente con tu conciencia que puede silenciar tu Sistema-I y fortalecer tu capacidad para sanar.

Toma conciencia de las sensaciones que tienes en los dedos cuando tocas objetos como vasos, teléfonos, plumas, llaves, computadoras y otras cosas. ¿Las superficies son lisas o ásperas, frías o calientes, placenteras o desagradables? Cuando te laves las manos o te metas a bañar, siente cómo el agua te toca la piel. Reconoce lo que sientes cuando tocas a otros o cuando te tocan. Puede requerir un poco de esfuerzo porque el Sistema-I reduce tus sentidos. Un joven estudiante estresado nos dijo que frotar su pulgar contra su índice le ayudaba a calmar su ansiedad durante sus clases.

Toma nota de lo que tocas y las sensaciones que experimentas durante el día. ¿Sientes más tranquilidad cuando estás consciente de lo que tocas? ¡No dejes de practicar!

CONCIENCIA DE COLORES, RASGOS FACIALES Y FORMAS

El Sistema-I se aferra a ciertas imágenes y rechaza otras. Esto te impide ver el panorama completo. Cuando usas uno o más de tus sentidos, el Sistema-I se tranquiliza, tu conciencia se expande y logras ver lo que realmente está ahí. Al mirar un atardecer o incluso una partícula de polvo en el suelo, ¿tu mente ocupada te permite apreciar sus colores, formas y singularidad? Lo más probable es que no puedas hacerlo más que unos segundos. Examina tu próxima comida. Cuando tengas tus alimentos frente a ti, obsérvalos con cuidado antes de comer. ¿Cuáles son sus texturas? ¿Cuáles son sus formas? ¿De qué color son?

Jerry, un estudiante de penúltimo año de preparatoria, había tenido problemas con todos los exámenes que había presentado desde el tercer año de primaria. Se ponía tan nervioso por éstos que, sin importar si había estudiado o si conocía bien el tema, los reprobaba porque su mente siempre se quedaba en blanco. Jerry probó todos los métodos que sus padres y maestros le propusieron para ayudarle con su «ansiedad por los exámenes». Nada funcionó hasta que descubrió el puente mente-cuerpo. Aprendió a usar las prácticas de puente de consciencia. Durante sus exámenes, Jerry empezó a fijarse en el color de la pared y en el arreglo de los azulejos en el piso, a sentir sus dedos sobre el teclado de la computadora y a percibir su trasero sobre la silla. También comenzó a escuchar los sonidos de fondo, de la calefacción y del aire acondicionado del salón. Después, si tenía algún pensamiento negativo, lo etiquetaba como un simple pensamiento. Descubrió que, si bien los exámenes no eran divertidos, no tenían por qué causarle la ansiedad paralizante que congelaba su cerebro.

Pon atención en lo que veas hoy cuando mires a tu alrededor y a los objetos que tienes enfrente. Fíjate en sus colores y formas. Fíjate en las expresiones faciales de las personas que te rodean: familiares, amigos, colegas e incluso extraños. Cuando tengas algún pensamiento que te provoque sentirte ansioso, etiquétalo como un simple pensamiento y regresa con calma a tus actividades. Una vez que observes lo que realmente hay en tu entorno, tu Sistema-I se calmará, tu ansiedad se desvanecerá y podrás apreciar la vida de mejor manera.

CONCIENCIA DE TU CUERPO

Para que puedas sanar cuando te sientas ansioso, es importante que estés consciente de lo que percibe tu cuerpo. Es posible que las sensaciones desagradables que experimentas cuando te sientes así te hayan hecho desarrollar el hábito de tratar de negar o alejarte de las percepciones de tu cuerpo. Tal vez logres distanciarte de esas sensaciones desagradables durante un momento, pero evitarlas te impide sanar tu ansiedad. Cuando experimentes dichas sensaciones, abre tu conciencia a todas las partes de tu cuerpo y fíjate específicamente en los ruidos de fondo y en la percepción de los objetos que tocas. El crecimiento de tu conciencia significa que tu poder para sanar también ha crecido.

El sistema de propiocepción es una parte vital de tu sistema nervioso que te informa sobre tu postura, tu manera de moverte y el grado de contracción de tus músculos. La tensión que sentiste en tus músculos cuando hiciste tu primer mapa se debió a que el Sistema-I obstaculizaba el funcionamiento natural del sistema de propiocepción. Tu funcionamiento natural señala que los músculos deben relajarse, pero tu Sistema-I toma el control de esa respuesta normal y tensa los músculos. Es una muestra de lo que hace el Sistema-I para afectar la armonía mente-cuerpo. Encontrarás otro ejemplo en tu respuesta ante una lesión que te duele. El dolor agudo indica que debes tomar medidas de inmediato. Después de unos minutos, el sistema nervioso central crea una barrera para reducir la señal de dolor y permitirte seguir con tu vida diaria. Entre muchas personas con dolor crónico, el Sistema-I remueve la barrera de tal manera que el dolor intenso permanece durante semanas, meses o hasta años, y obstaculiza sus vidas diarias y que hagan las cosas que necesitan hacer.

Veamos cómo funciona. Empieza por inclinarte lentamente hacia la izquierda. ¿Sientes la tensión muscular en tus costados? ¿El desequilibrio en tu cabeza? ¿Sientes cómo tu funcionamiento natural quiere balancearte? Levanta tu brazo derecho y déjalo un momento en el aire. ¿Sientes la fuerza de la gravedad? Sí, es tu sistema de propiocepción en plenas funciones. Te brinda información sobre la posición de tu cuerpo en el espacio y el estado de tus músculos. Tu cuerpo usa ese flujo natural de información para moverse automáticamente. Presta atención en la gravedad cuando levantes un objeto o te pares de una silla. La gravedad es tu amiga; siempre está ahí. Sentirla ayuda a silenciar el Sistema-I que te detiene en el momento presente.

A Fran le encantaba correr y se inscribía en varios maratones al año. Después de aprender sobre el puente mente-cuerpo aplicó las prácticas de puente de conciencia cuando corría. Logró disminuir 15 minutos de sus marcas en los eventos sin tener que entrenar más. Lo hizo de la siguiente manera. Al inicio de la carrera, en lugar de preocuparse por el calor, el trayecto o su entrenamiento, sentía sus pies sobre la tierra, escuchaba los ruidos de fondo y trataba de sentir cómo bajaba el ritmo y el pulso de su respiración. Cuando subía una pendiente, Fran intentaba sentir y escuchar a cada pie tocar la tierra. En vez de obligarse a acelerar o bajar la velocidad, dejaba que su cuerpo la guiara naturalmente. Al llegar a la cima, le sorprendió lo relajado que estaba su cuerpo y su disposición para seguir corriendo. Después de cierto tiempo empezó a experimentar nuevos problemas de entrenamiento en su pierna derecha. Gracias a la nueva conciencia de su cuerpo, Fran observó un patrón de respiración en el que sólo exhalaba cuando su pie derecho tocaba el suelo. Con las prácticas de puente de conciencia desarrolló un nuevo ritmo de respiración que le permitió alternar los pasos de cada pie con sus exhalaciones. Esta nueva conciencia eliminó los problemas que había padecido en su pierna derecha. A medida que usaba el puente mente-cuerpo, Fran vio cómo se redujo el desgaste de su cuerpo durante el entrenamiento y sus tiempos siguieron mejorando.

APLICA LAS HERRAMIENTAS EN TU VIDA DIARIA

Usa tus herramientas de reducción de la ansiedad para controlar ésta, y permanecer relajado y enfocado durante el día. Cuando tus pensamientos empiecen a desviarse de tus actividades, etiquétalos como pensamientos y entonces devuelve tu atención a la actividad. Cuando empieces a sentirte ansioso o tengas sensaciones corporales desagradables (como ocurrió con el primer mapa), usa las herramientas de puente de conciencia. Siente cómo tu cuerpo se relaja automáticamente y tu respiración se vuelve neutral sin que debas forzarla. Ahora estás en comunicación directa con tu mente-cuerpo. Por ejemplo, cuando cocines, escucha el ventilador de la campana extractora de la cocina y encontrarás que tus sentidos se abrirán automáticamente; huele la sopa, ve los colores de las verduras y tu tranquilidad crecerá.

Roger, quien sufría de periodos de falta de aliento y debía limitar su actividad física por una enfermedad pulmonar obstructiva crónica (EPOC), empezó a sentir miedo y ansiedad cada vez que padecía problemas para respirar. Leyó sobre el puente mente-cuerpo y pronto decidió que esa práctica tenía sentido para él y podría ayudarle a combatirla. Ahora, cada vez que siente que le falta aliento, usa sus herramientas para reducir la ansiedad. Oye los ruidos de fondo, escucha los sonidos de su respiración con su concentrador de oxígeno portátil, percibe la tela de su ropa, mira los objetos que lo rodean y siente la gravedad al moverse. Descubrió que, de hecho, puede ser mucho más activo al detenerse a sentir sus pies sobre la tierra. Cuando empieza a pensar que podría faltarle aire, etiqueta sus pensamientos y se tranquiliza con el sonido de su concentrador de oxígeno. La calidad de vida de Roger ha mejorado enormemente.

Esta noche, cuando te vayas a dormir, escucha y concéntrate en los sonidos que te rodean. Siente las sábanas con tus dedos. Cuando cierres los ojos, sondea la oscuridad. Ten paciencia y regresa constantemente a tus sentidos. Una mente ocupada nunca calmará a una mente ocupada. Si los pensamientos que te hacen sentirte ansioso (*mañana tengo que reunirme con desconocidos*) te mantienen despierto, etiquétalos; por ejemplo puedes decir hacia tu interior: *estoy pensando «tengo que reunirme con desconocidos mañana»*, o *estoy pensando «no me gusta reunirme con desconocidos ¿y qué?»*, y entonces puedes volver a sintonizar con tus sentidos y dormirte. Estas herramientas para reducir la ansiedad (usar tus sentidos y etiquetar pensamientos) evitan que la actividad del Sistema-I te quite el sueño. La calidad del sueño es un componente importante disminuir de la ansiedad. Mejorarlo con el puente mente-cuerpo es muy efectivo (Nakamura *et al.*, 2011; Nakamura *et al.*, 2013).

Herramientas para reducir la ansiedad

➤ Reconocer cuando tu Sistema-I está activo (encendido) o inactivo (apagado).

➤ Etiquetar pensamientos.

➤ Hacer prácticas de puente de conciencia:

- Reconocer los sonidos de tu entorno.

- Reconocer lo que estás tocando.

- Reconocer colores, rasgos faciales y formas.

- Reconocer las sensaciones de tu cuerpo.

Tal vez te preguntes *¿etiquetar mis pensamientos, escuchar los sonidos del entorno, observar rasgos faciales, sentir mis pies sobre la tierra y estar consciente de lo que toco, realmente me ayudará a sentirme menos ansioso y vivir mejor? ¿Realmente puede ser tan simple?* Cuando te hayas habituado a usar estas herramientas para reducir la ansiedad, todas las células en tu cuerpo te responderán con un *¡sí!* contundente. Entonces, siente tu pie tocar el suelo, tus dedos sobre el teclado de la computadora; escucha los sonidos de tu entorno, percibe la presión en tu trasero cuando te sientes, el tenedor en tu mano; mira tu comida y toma consciencia del movimiento del polvo cuando barres con la escoba. Si tus pensamientos desconcertantes te distraen de lo que estás haciendo, etiquétalos y continúa con tu actividad.

Después de usar estas herramientas durante un par de días, regresa a esta página. Llena la siguiente tabla y completa la Escala de Evaluación PMC que está en la página siguiente.

¿Alguna vez te has dado cuenta de que tener estas herramientas en tu rutina diaria, además de reducir tu ansiedad, diaria te ayuda a disfrutar más la vida y ser más productivo? Estas herramientas son la base de todo el manual. Cuanto más intensas sean tus prácticas de puente mente-cuerpo, más fácil te será controlar tu ansiedad. La siguiente Escala de Evaluación PMC te permite medir tu progreso, así como conocer qué tan sólidos son tus cimientos.

Situación difícil	Sistema-I activo o inactivo	Pensamientos etiquetados	Herramientas de puente de conciencia	Resultados
Pensar en la multitud del concierto mientras me bañaba.	Activo	Estoy pensando que la multitud me va a aplastar.	Puse atención en los sonidos de la regadera.	La tensión disminuyó: pude prepararme con calma.

ESCALA DE EVALUACIÓN PMC: USA TUS SENTIDOS PARA REDUCIR TU ANSIEDAD

Fecha: _____

Después de usar las herramientas de este capítulo durante varios días, selecciona la opción de cada pregunta que mejor describa tu experiencia: casi nunca, a veces, normalmente o casi siempre.

¿Qué tan seguido...	Casi nunca	A veces	Normalmente	Casi siempre
escuchas los sonidos de tu entorno?				
percibes las sensaciones de tus dedos cuando sostienes una botella de agua, una taza de café, un vaso con agua fría o una lata de refresco?				
percibes las sensaciones en tus dedos cuando tocas algún objeto durante el día?				
sientes la presión sobre tus pies cuando caminas?				
percibes la presión en tu trasero cuando te sientas?				
sientes el volante, escuchas el rugido del motor o pones atención en el camino cuando conduces?				
escuchas al agua caer por el desagüe mientras te bañas o te lavas las manos?				
tomas conciencia de actividades cotidianas como tender la cama, comer, lavarte los dientes o cargar objetos?				
tomas conciencia de las sensaciones de tu cuerpo cuando tocas a otros?				
tomas conciencia de las expresiones faciales de otros?				
usas las herramientas de reducción de la ansiedad para superar situaciones en casa y en el trabajo?				
usas las prácticas de puente de conciencia y etiquetas tus pensamientos para ayudarte a dormir?				
usas las herramientas de reducción de la ansiedad cuando te sientes ansioso?				
sientes una conexión con tu propia fuente de recuperación, bienestar y sabiduría?				
sabes si tu Sistema-I está activo (encendido) o inactivo (apagado)?				

Escribe dos cosas que has notado sobre tu vida después de comenzar a usar tus herramientas para reducir la ansiedad:

_____

_____

CAPÍTULO 2

EMPIEZA A SANAR TU TRASTORNO DE ANSIEDAD RECONOCIENDO LOS REQUISITOS

Descubre, siente y aplica

Descubre cómo los requisitos te impiden sanar.

Siente cómo reconocer los requisitos te ayuda a sanar.

Aplica tus herramientas para reducir la ansiedad en tu vida diaria.

Lenguaje mente-cuerpo

Requisitos: pensamientos que tu Sistema-I convierte en reglas mentales que te indican en cada momento cómo debes ser tú y cómo debe ser el mundo. Cuando rompes las reglas de tu Sistema-I, te sientes temeroso y ansioso.

Reconocer los requisitos: cuando estás completamente consciente de que tu requisito, y no los eventos que te rodean, está activando tu Sistema-I, empiezas a funcionar en el modo ejecutivo que te permite sanar y recuperarte.

CÓMO FUNCIONA EL SISTEMA-I

Muchos sistemas regulan nuestro cuerpo. Por ejemplo, tenemos un sistema que regula la temperatura a la que debe estar y lo mantiene a unos 37 grados Celsius. Si nuestra temperatura aumenta, sudamos, y si disminuye, empezamos a temblar de frío, mientras nuestro sistema intenta volver el cuerpo a su temperatura normal. De la misma manera, todos tenemos un Sistema-I. Funciona como el sistema que regula la temperatura, pero en lugar de tener una ideal, el Sistema-I crea una «imagen ideal» (*requisito*) de cómo debes ser y cómo debe ser el mundo. Ambos sistemas son capaces en todo momento de sentir si sus requisitos han sido satisfechos. Cuando el requisito del sistema que regula la temperatura no ha sido satisfecho, entonces temblamos de frío o sudamos. Si surge algo que no satisface el requisito del Sistema-I, éste se activa y nos sentimos estresados, tenemos pensamientos acelerados y nos es difícil evitar sentirnos ansiosos.

El estado natural del Sistema-I es el reposo. Sólo se activa cuando no se satisfacen sus requisitos. Recuerda: los requisitos son las reglas que tu Sistema-I ha creado para indicarte cómo debes ser y cómo debe ser el mundo en todo momento (por ejemplo, *debo ser capaz de controlar mi ansiedad; no debo tener pensamientos invasivos; mi pareja debe ser más comprensiva*).

Es vital conocer la diferencia entre los pensamientos que reflejan expectativas naturales y aquellos que son simples requisitos. Todos los pensamientos son naturales y empiezan sin la influencia del Sistema-I. Un pensamiento no se convierte en requisito por su contenido, sino por lo que ocurre con él, en tanto pensamiento. Por ejemplo, *me desagrada que haya mucha gente en la tienda* es un pensamiento o expectativa que puedes experimentar naturalmente. El Sistema-I convierte ese pensamiento natural en una imagen ideal de cómo debes ser y cómo debe ser el mundo (*debe haber pocas personas en la tienda cuando voy de compras*). Éste se convierte en requisito: *no debería ir de compras cuando hay mucha gente en la tienda*. Puedes distinguirlo así porque sientes demasiado estrés corporal y mental cuando la situación rompe la regla o la exigencia del requisito. Cuando un pensamiento no es un requisito, puedes mantener tu expectativa natural, tienes claridad mental, tu cuerpo está relajado y tu yo poderoso está a cargo de tu experiencia de compras. Ahora eres más capaz de responder ante cualquier situación que se presente.

Es crucial reconocer continuamente si tu Sistema-I está activo o inactivo. Por ejemplo, el hecho de que en una fiesta decembrina una amiga te critique por cómo vas vestida puede provocarte pensamientos como: *ella fue cruel. ¿Por qué quiso avergonzarme? ¿Por qué lo hizo?*, los que harán que todo tu cuerpo se tense, te sonrojes y busques un rincón para esconderte. Éstas son las señales de un Sistema-I que ha sido encendido por el requisito *mi amiga no debería hacer comentarios negativos sobre mi ropa.* Cuando el Sistema-I toma el control del pensamiento natural o expectativa, *mi amiga no debería hacer comentarios negativos sobre mi ropa* se convierte en un requisito. Esto hace que te sientas ansioso y te impide disfrutar la fiesta. Incluso aunque tu amiga se vaya, tu mente sigue saturada de pensamientos y tu cuerpo tenso. Tu Sistema-I agrava tus heridas con más pensamientos desenfrenados y tensand tu cuerpo aún más, de tal manera que sientes más ansiedad y resentimiento. Tu Sistema-I podría seguir tejiendo historias sobre el incidente y tu angustia podría durar toda la temporada navideña. Es importante notar que cuando el Sistema-I captura un pensamiento o expectativa natural y lo convierte en un requisito, te conviertes en víctima de las circunstancias porque disminuye tu tu capacidad para actuar sin sentirte ansioso. Este capítulo te ofrecerá las herramientas para silenciar a tu Sistema-I, recuperar tu funcionamiento ejecutivo y sanar tu ansiedad.

DESCUBRE CÓMO LOS REQUISITOS TE IMPIDEN SANAR

Es el momento de hacer un mapa de los requisitos de tu Sistema-I. Recuerda que los mapas de mente-cuerpo de dos partes son ejercicios escritos breves que sólo requieren unos cuantos minutos. Son imágenes vivas de tus pensamientos y la tensión de tu cuerpo. Cada mapa te hará más consciente de tus requisitos, reducirá el control de tu Sistema-I y te ayudará a sanar y recuperarte de la ansiedad.

El mapa de mente-cuerpo que corresponde a este ejercicio es una manera poderosa de descubrir los requisitos que te impiden vivir tu vida al máximo. Haz un mapa de «Cómo debería ser mi mundo» (observa el ejemplo siguiente). Toma unos minutos para escribir alrededor del óvalo todos los pensamientos que tengas sobre cómo debe ser tu mundo en la vida cotidiana; por ejemplo, *mi pareja debe entender lo que me está pasando,* o bien, *no debo tener miedo.* Escribe ideas específicas y trabaja rápidamente sin editar tus pensamientos.

MAPA DE *CÓMO DEBERÍA SER MI MUNDO*

CÓMO DEBERÍA
SER MI MUNDO

MAPA DE MUESTRA DE *CÓMO DEBERÍA SER MI MUNDO*

No debería tener esos pensamientos inquietantes y recurrentes.

No debería estar temeroso.

Todo debería estar en orden.

Mi pareja debería entender lo que me está pasando.

CÓMO DEBERÍA SER MI MUNDO

Mis padres deberían haberme dado la ayuda que necesitaba.

La casa debería estar como a mí me gusta.

No debo preocuparme por los gérmenes.

Mi familia debería aceptarme tal como soy.

Debería sembrar un jardín de flores.

A. ¿Piensas que todo lo que escribiste ocurrirá?

      Sí _____   No _____

B. En la siguiente tabla escribe cada uno de tus pensamientos y describe qué pasa con la la tensión de tu cuerpo cuando te das cuenta de que tal vez **no** se harán realidad.

Pensamiento «Cómo debe ser mi mundo»	Tensión corporal y ubicación	
Ejemplo 1: *Mi familia debería aceptarme tal como soy.*		✓
Ejemplo 2: *Debería sembrar un jardín de flores.*		

C. La tensión corporal que mencionas señala que el pensamiento es un requisito y ha activado tu Sistema-I. Coloca una «palomita» en la tercera columna para indicar que ese pensamiento en particular es un requisito.

Todos tenemos pensamientos naturales que nos indican cómo debería ser el mundo. Cuando tu Sistema-I se apodera de éstos y te muestra que quizá no se realicen, tu cuerpo se tensa y tu mente se satura. Entonces la mesa está puesta para que te sientas ansioso.

Recuerda: los pensamientos que encienden tu Sistema-I son requisitos. Considera el pensamiento *mi familia debería aceptarme* del ejemplo anterior. Cuando piensas esto tu estómago se revuelve, tu corazón se acelera y tu mente gira. Significa que tienes el requisito *mi familia debería aceptarme*, y éste interfiere con tu capacidad natural para superar ese pensamiento de manera saludable. Si tu Sistema-I no hubiera capturado ese pensamiento, habría permanecido como una expectativa natural. Podrías relacionarte con tu familia con el cuerpo relajado y la mente despejada, sin importar que tus parientes te acepten o no. Para el otro pensamiento de la lista (*debería sembrar un jardín de flores*), la tensión de tu cuerpo es mínima cuando la realidad no corresponde con ese pensamiento (no hay tal jardín). En ese caso tu Sistema-I no se activa y el pensamiento *debería sembrar un jardín de flores* no es un requisito, es un pensamiento natural que viene del funcionamiento ejecutivo. Significa que tu cuerpo estará relajado y tu mente estará despejada sin importar si siembras o no un jardín.

EMPIEZA A DESCUBRIR CÓMO PUEDES SANAR TU ANSIEDAD

Ahora usarás las prácticas de puente de consciencia que aprendiste en el capítulo 1 y harás de nuevo un mapa «Cómo debería ser mi mundo». Antes de empezar a escribir, escucha los sonidos de tu entorno, siente la presión de tu cuerpo sobre la silla, tus pies en el suelo y la pluma en tu mano. Tómate tu tiempo. Cuando logres relajarte, sin dejar de percibir la pluma en tu mano, empieza a escribir cómo debería ser tu mundo. Observa cómo el papel absorbe la tinta y escucha los sonidos que te rodean. Durante los siguientes minutos apunta cualquier cosa que pienses sobre cómo debería ser tu mundo.

CÓMO DEBERÍA
SER MI MUNDO

A. ¿Cuáles son las diferencias entre este mapa y el anterior?

_____

_____

B. ¿Te das cuenta de que puedes enfrentar al mundo como es, sin sentir la presión extra de tu Sistema-I que aparecía en el mapa anterior que hiciste?

     Sí _____   No _____

Cuando ocurre algo en tu vida (*mi casa no está en orden*) que te llena la mente de pensamientos ansiosos y te genera tensión corporal, sabes que lo que te estresa es tu Sistema-I y no la condición de tu casa. Si reconoces tu requisito y te sintonizas con tus sentidos, lograrás silenciar a tu Sistema-I. La saturación de tu mente, la tensión de tu cuerpo y la ansiedad pronto se reducirán para que respondas a lo que está ocurriendo, con el cuerpo y la mente listos y relajados.

RECONOCE TUS REQUISITOS CADA DÍA

Siempre que tu cuerpo está tenso (sensaciones corporales desagradables) y tu mente está saturada (pensamientos ansiosos desconcertantes) es porque alguno de los requisitos de tu Sistema-I no ha sido satisfecho, lo que dará como resultado que te sientas ansioso. El ejercicio de los mapas que acabas de hacer sirve para aumentar tu conocimiento acerca de tus requisitos. Siente las señales de tu Sistema-I activo. Por ejemplo, tal vez se eleven tus hombros, tu estómago se revuelva, te sientas abrumado, dejes de escuchar el sonido del ventilador o te encorves en tu silla. Una vez que percibas las señales, tendrás más control para encontrar el requisito que ha activado tu Sistema-I. Recuerda: lo que activa este sistema no es la situación ni el comportamiento de otras personas, sino tu propio requisito.

Considera las situaciones estresantes que has vivido en los últimos días y llena la siguiente tabla.

Revisa cada requisito que escribiste en la tabla. Usa tus prácticas de puente de conciencia y etiqueta tus pensamientos para ver si te sientes menos ansioso y estresado. Usar tus herramientas para reducir la ansiedad es una forma de devolver el control a tu yo poderoso.

Situación	Saturación mental	Tensión corporal	Requisito
Entrar en un baño público.	Está sucio, me voy a enfermar, no puedo.	Mi mente gira, mi cuerpo tiembla.	No debería tener que entrar en un baño público.
Conducir en tráfico pesado.	Voy a sufrir un accidente, no puedo controlar a los malos conductores.	Presión en el pecho, falta de aliento.	No debería tener que conducir en tráfico pesado.

Ann, una estudiante de universidad, perdía horas preparándose ansiosamente para ir a sus clases. Incluso cuando había hecho su tarea, se sentía tan ansiosa acerca de su preparación y su vestimenta que no siempre llegaba a clase. Sus buenas calificaciones no le ayudaban a reducir la ansiedad que le generaba asistir. Su vida cambió por completo cuando conoció las prácticas de puente mente-cuerpo. Por medio de las herramientas para reducir la ansiedad comenzó a etiquetar sus pensamientos y se enfocó en los sentidos para calmar a su Sistema-I. Empezó a tomar conciencia de sus pasos mientras caminaba a clase; de la sensación al abrir la puerta, del cambio de temperatura cuando entraba en el edificio y de la sensación de su trasero cuando se sentaba en su silla durante la clase. Los mapas de mente-cuerpo le permitieron reconocer sus requisitos, como *debo verme atractiva y debo estar perfectamente preparada*. Etiquetar esos pensamientos y escuchar los sonidos de su entorno le ayudó a sentirse cada vez menos ansiosa. Ahora Ann asiste regularmente a clase sin experimentar ansiedad.

SITUACIONES QUE ME ESTRESAN

Lo inesperado está a la vuelta de la esquina y la vida puede estar llena de situaciones estresantes. Hacer mapas de mente-cuerpo te prepara para enfrentarlas sin sufrir un colapso emocional. Para este ejercicio trabajarás con una situación real que podría hacer que te sientas ansioso. En el primer mapa debes identificar los requisitos que están vinculados con esa situación. El segundo mapa te permite sentir la transición de mente-cuerpo desde un Sistema-I activo a un Sistema-I en reposo. Hacer mapas es una forma de limitar tu ansiedad, lo cual te permitirá funcionar de manera natural en el modo ejecutivo.

1. Haz un mapa de «Situaciones que me estresan». En el centro del óvalo escribe una situación actual que te estresa. Después, toma un par de minutos para escribir alrededor del óvalo cualquier pensamiento que te llegue a la mente. Trabaja rápidamente, sin editar tus pensamientos. En la parte baja del mapa describe cuidadosamente las partes de tu cuerpo que estén tensas.

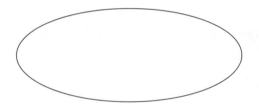

Tensión corporal: _____

_____

Reconocer el momento en que tu cuerpo se está empezando a tensar es un primer paso fundamental para controlar la ansiedad. Tu cuerpo siempre experimenta tensión o sensaciones corporales negativas antes de que ésta se presente.

¿Qué dice tu mapa sobre tu respuesta ante la situación?

A. ¿Tu mente está saturada o despejada?

_____

B. ¿Cómo te sentirías y comportarías en este estado?

_____

_____

_____

Reconocer tus requisitos es crucial para poder manejar tu ansiedad. Observa lo que escribiste en el óvalo (por ejemplo, _conducir en hora pico_) y descubre tu requisito (_no debería tener que conducir en hora pico_). Repite los pasos para cada elemento de tu mapa (_me genera ansiedad_) y descubre tu requisito (_no debería generarme ansiedad_). Esta capacidad para reconocer tus requisitos podría cambiar tu vida entera.

C. Escribe una lista con todos los requisitos de tu mapa:

_____

_____

_____

_____

_____

_____

Si no reconoces tu requisito (_no debería tener que conducir en hora pico_), tu Sistema-I se mantiene activo, y cuando está así, no puedes evitar sentirte ansioso. La clave para reducir la ansiedad es estar consciente cómo va aumentando la tensión en tu cuerpo y entonces podrás reconocer tu requisito. Una vez que tu Sistema-I se tranquilice, tu mente y cuerpo pueden asentarse por su cuenta.

2. Usa la misma situación del mapa anterior para hacer un nuevo mapa con las prácticas de puente de consciencia. Escribe la situación en el óvalo. Antes de empezar a escribir, escucha los sonidos de tu entorno, percibe la presión de tu cuerpo sobre la silla, siente tus pies sobre el piso y la pluma en tu mano. Tómate tu tiempo. Cuando estés en calma, sin dejar de sentir la pluma en tu mano, empieza a escribir. Observa cómo el papel absorbe la tinta y escucha los sonidos de fondo. Toma un par de minutos.

MAPA CON PMC DE
SITUACIÓN QUE ME ESTRESA

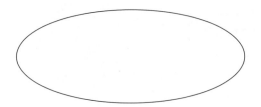

A. ¿Tu mente está saturada o despejada?

_____

B. ¿Tu cuerpo está tenso o relajado?

_____

C. En este estado de mente y cuerpo ¿cómo te sentirías y comportarías?

_____

_____

D. ¿Cuáles son las diferencias entre los dos mapas?

_____

_____

Cada vez que te sientas ansioso, puedes hacer mapas de dos partes para ayudarte a descubrir los requisitos que la causan. Cuando tu Sistema-I vuelve a estar en silencio, tu ansiedad se reduce. No importa lo que estés pensando, ésta no existe dentro de un cuerpo relajado. Los mapas son una herramienta crítica para ayudarte a sanarla.

CREA AMISTAD CON TU CUERPO

1. Hacer amistad con tu cuerpo es una herramienta vital de puente mente-cuerpo para tratar tu ansiedad. La ubicación, el tipo, la cantidad y el crecimiento de la tensión corporal (aumento de presión en el pecho) del primer mapa de «Situaciones que me estresan» son señales claras que indican que la tensión en esa parte de tu cuerpo es una consecuencia de tener el Sistema-I activo. Ahora estás en peligro de sentirte ansioso. Vuelve al primer mapa de «Situaciones que me estresan» y llena la siguiente tabla con los elementos que te generan más tensión.

Situación	Situación corporal	Comportamiento	Requisito
Mi hijo no llegó a la hora que le pedí.	Presión en el pecho, dificultad para respirar.	Lloré cuando llegó a casa.	Debe llegar a la hora que le pido para que yo sienta que está seguro.

2. Cuando usaste tus herramientas de puente mente-cuerpo, como hiciste en el mapa «Situaciones que me estresan, con prácticas de puente de conciencia», experimentaste una liberación de tensión corporal. Éste es el estado natural de tu modo ejecutivo. Llena la siguiente tabla con la información que escribiste en el mapa con puente.

Situación	Situación corporal	Estado de la mente	Comportamiento
Mi hijo no llegó a la hora que le pedí.	Respiré con mayor tranquilidad.	Preocupación.	Le llamé y le recordé la hora a la cual debía llegar y le pedí que regresara a casa.

Usar tus herramientas para reducir la ansiedad durante el día te mantiene consciente de las señales de tu cuerpo. Es importante percibir las primeras señales de tensión corporal, porque cuando no lo haces la tensión y la incomodidad de tu cuerpo pueden aumentar. Entonces tu mente gira descontroladamente con pensamientos desconcertantes hasta que tu cuerpo se empieza a alterar y sufres un ataque de ansiedad. Es crucial reconocer las señales tempranas de tensión corporal y pensamientos perturbadores y empezar a usar tus herramientas para reducir la ansiedad inmediatamente.

3. ¿Cuáles son las herramientas para reducir la la ansiedad que más te ayudan? Haz una lista._____

_____

_____

DETONANTES

Otro método importante para mejorar tu control de la ansiedad es examinar sus detonantes. Un *detonante* es un evento o pensamiento que activa un requisito y calienta tu Sistema-I. Un evento o pensamiento se convierte en detonante *cuando*, y *sólo cuando* ese evento viola un requisito. Todas las monedas tienen dos caras, e incluso en pleno volado, no deja de ser la misma moneda. Los detonantes y requisitos funcionan de idéntica manera. Cuando reconoces un detonante, es importante que entiendas que te está señalando el requisito (el otro lado de la moneda). Recuerda: lo que activa el Sistema-I no es el evento, ni el pensamiento ni el comportamiento de otros; es tu requisito correspondiente a ese evento, pensamiento o comportamiento.

Carol creció en una comunidad aislada. En su casa, donde la violencia extrema era común, estaba prohibido hablar de lo que ocurría; por lo tanto, no podía pedir ayuda. Después de crecer e independizarse, sufría ataques severos de ansiedad cada vez que surgían conflictos entre colegas, vecinos o familiares. Esto le provocaba palpitaciones, e incluso taquicardia, su cuerpo temblaba y lloraba. Se sentía culpable porque no podía controlar sus respuestas. Carol trató de evitar el conflicto y a las personas irascible, y para tratar de no sentirse ansiosa limpiaba obsesivamente. Acudió a una terapia conductual que resultó medianamente útil, pero muchos de sus síntomas permanecieron iguales. Siguió sin poder dormir sin que su sueño fuera interrumpido por la ansiedad. Cuando aprendió las prácticas de puente mente-cuerpo, reconoció lo que la detonaba y las señales que su cuerpo emitía cuando se activaba su Sistema-I (taquicardia, temblor de cuerpo y llanto). Descubrió los requisitos relacionados con sus detonantes (vecinos irascibles, hermano criticón, colegas chismosos, etc.) y fue capaz de usar sus herramientas para reducir la ansiedad y vivir su existencia al máximo. Carol manifestó que no se ha sentido ansiosa en varios años y que resuelve los conflictos de manera tranquila y saludable.

La vida está llena de eventos que te pueden alterar, activar tu Sistema-I y crearte una angustia interna que vacía tus recursos emocionales. Cuando logras reconocer claramente los detonantes (eventos o pensamientos) que encienden tu Sistema-I, éstos dejan de afectarte tanto como antes. Cuando las acciones de alguien más dispara tu ansiedad (por ejemplo, que tu esposo se comporte frío contigo), ayuda que te preguntes *¿cómo es ese comportamiento que la detona?* Algunas respuestas podrían ser *el volumen de su voz, la dureza de su expresión facial y sus palabras.* Entonces, busca los requisitos ocultos que acompañan a cada acción detonante (*no debe levantarme la voz, su rostro debe estar relajado y debe usar palabras amables*).

Acerquémonos un poco más a los detonantes. Toma unos minutos para hacer un mapa de «Detonantes» y apunta lo que activa tu Sistema-I, puede ser el comportamiento de otros o eventos que ocurren (por ejemplo, *estar en casa a solas, ir de compras, no revisar la estufa*).

DETONANTES

Elige los elementos de este mapa que te generan mayor ansiedad. Escribe una lista con estos detonantes, la tensión corporal que generan y el requisito subyacente. Los mapas de mente-cuerpo siempre reflejan los requisitos de tu Sistema-I, nunca el comportamiento de otros. Recuerda que el detonante te señala el requisito.

Detonante	Tensión corporal	Requisito
Estar en casa a solas.	Taquicardia, tensión alrededor de mi cabeza.	No debería estar en casa a solas.
No revisar la estufa.	Mis hombros se elevan y se aprietan.	Debo revisar la estufa con frecuencia.

USA TU CUERPO COMO BRÚJULA

A lo largo del día procura estar consciente de la tensión de tu cuerpo, especialmente en las regiones que se mostraron tensas en tu mapa de «Detonantes». Aunque el Sistema-I causa tensión corporal y te hace sentirte ansioso, no es más tu enemigo, sino un amigo que te brinda información vital. Reconocer las señales tempranas de tu tensión corporal te permite saber cuándo vas en dirección equivocada (hacia una acumulación de ansiedad). Usa las señales como usarías una brújula (figura 2.1). Cuando sientas que tu Sistema-I está encendido, sabrás que vas por buen camino. Entonces debes usar tus herramientas para reducir la ansiedad con el fin de silenciar a tu Sistema-I y tu funcionamiento ejecutivo te regresará al camino correcto.

Cindy, empleada del gobierno, había recibido evaluaciones positivas en su trabajo durante los últimos 15 años. Su nuevo supervisor pensaba que cualquier persona mayor de cierta edad, que había trabajado en su puesto durante más de cinco años, ya no tenía nada que aportar. Sin importar cuánto se esforzaba Cindy para satisfacer las demandas de su supervisor, su trabajo nunca era «suficientemente bueno». Esto empezó a generarle ansiedad y comenzó a tener problemas de salud, como migrañas y síndrome del intestino irritable (SII). Cindy aborrecía las reuniones semanales donde su supervisor la humillaba y hostigaba constantemente frente a todo el grupo. Después de conocer el puente mente-cuerpo, empezó a usar su cuerpo como brújula. Cuando comenzaba a sentir tensión en sus entrañas y que la espalda le apretaba, recurría inmediatamente a sus prácticas de puente de conciencia para aliviar la tensión. Por medio de los mapas de mente-cuerpo pudo reconocer dos requisitos (*debo ser perfecta* y *debo recibir comentarios positivos de parte de mi supervisor*). Cada vez que aparecían estos requisitos, etiquetaba sus pensamientos y se sentía menos ansiosa. Cindy también descubrió que cuando estaba en su modo de funcionamiento ejecutivo natural podía ver claramente que las demandas irracionales de su supervisor nunca cambiarían, y que esforzarse más y trabajar más horas era inútil. Con este nuevo entendimiento, y usando su cuerpo como brújula, los dolores de cabeza y los episodios de SII de Cindy se volvieron escasos. Se dio cuenta de que ese empleo ya no le favorecía y consiguió una transferencia a otro departamento.

Con frecuencia, la saturación mental de tu Sistema-I te impide saber cómo se siente tu cuerpo y la escena se vuelve propicia para la ansiedad. Como lo hizo Cindy, reconoce las primeras indicaciones de tensión corporal. Las primeras señales son una bandera roja que indica que estás a punto de experimentar un ataque de ansiedad. Mientras más pronto reconozcas el proceso, más fácil te será prevenir esos ataques. Estar consciente de las respuestas de tu cuerpo es una de las herramientas cruciales de las prácticas de puente mente-cuerpo. Usa tu cuerpo como brújula (entabla una amistad con él) para crear un equilibrio mente-cuerpo que te permita estar en control de tu vida. Recuerda que cuando tu cuerpo está tenso y tu mente está saturada, tu Sistema-I tiene el control. Para silenciar a tu Sistema-I usa las herramientas para reducir la ansiedad, siente la tensión en tu cuerpo; reconoce que lo que te hace sentir ansioso es tu requisito, no la situación, escucha entonces los sonidos de tu entorno, siente lo que estás tocando y vuelve a tu funcionamiento ejecutivo.

Dolor de
cabeza

Dolores
musculares

Opresión

Tensión

Sistema-I

Funcionamiento
ejecutivo natural

Claridad

Calma

Flexibilidad   Relajación

Figura 2.1 Usa tu cuerpo como brújula.

Las aves migratorias tienen una brújula interna que les indica cuando pierden el rumbo en su camino a casa para la primavera. Cuando sientes que tu Sistema-I entra en acción, se convierte en tu brújula y te avisa que estás perdiendo el camino. Estar consciente ayuda a calmar al Sistema-I y te traslada a tu funcionamiento ejecutivo natural. Entonces estarás en buen camino para atender los asuntos de tu vida diaria sin sentirte ansioso.

MAPA PARA DISOLVER LA ANSIEDAD

1. Cuando te sientas ansioso y se te dificulte encontrar los requisitos subyacentes, haz un mapa de «Lo que me preocupa». Toma unos minutos para escribir, en las orillas del óvalo, cualquier cosa que tengas en la mente. Trabaja rápidamente sin editar tus pensamientos.

MAPA DE *LO QUE ME PREOCUPA*

QUÉ PASA EN MI MENTE

A. ¿Tu mente está despejada o saturada?

_____

B. Describe la tensión de tu cuerpo.

_____

_____

Este mapa es una imagen instantánea de lo que pasa por tu mente. Distingue los pensamientos que están conectados con la tensión de tu cuerpo (por ejemplo, *mi hija se porta mal, tengo que ir a la tienda, mi auto está viejo*). Reconoce los requisitos de cada pensamiento (*mi hija debe comportarse, no debería tener que ir a la tienda, debería tener un auto nuevo*).

C. ¿Cuáles son tus requisitos?_____

_____

_____

2. Repite el mapa, pero esta vez usa tus prácticas de puente de conciencia. Antes de empezar a escribir escucha los sonidos de tu entorno, percibe la presión de tu cuerpo sobre la silla, siente tus pies sobre el piso y la pluma en tu mano. Tómate tu tiempo. Una vez que estés en calma, sin dejar de sentir la pluma en tu mano, comienza a escribir. Observa cómo el papel absorbe la tinta y escucha los sonidos de fondo. Durante los siguientes minutos anota lo que pase por tu mente.

MAPA CON PMC DE *LO QUE ME PREOCUPA*

QUÉ PASA EN MI MENTE

Describe las diferencias entre ambos mapas:

_____

_____

Recuerda que etiquetar tus pensamientos puede ser útil. Por ejemplo, si piensas *mi vida podría estar arruinada*, puedes decir hacia tu interior *estoy pensando «mi vida podría estar arruinada»*. Lo que está arruinando tu vida aquí y ahora no es la posibilidad de perder tu empleo, sino los pensamientos que tu Sistema-I ha creado al respecto. No tienes que arreglar éstos, ni alejarlos ni forzar cambios. Cuando el Sistema-I está en reposo, tu yo poderoso en modo ejecutivo te ayudará automáticamente a tomar decisiones sobre las medidas pertinentes sin que se te nuble la mente. A lo largo del día sólo hace falta recordar que *un pensamiento es sólo un pensamiento*; entonces puedes dirigir tu conciencia nuevamente a tus actividades.

APLICA LAS HERRAMIENTAS EN TU VIDA DIARIA

Para estar en contacto y expresar las capacidades curativas de tu yo poderoso, usa tus prácticas de puente de conciencia todos los días. Al hacerlo, cualquier inquietud, por mínima que sea, te recordará que puedes usar tus herramientas para reducir la ansiedad y volverás a tu yo poderoso y funcionarás en el modo ejecutivo.

Ángela, quien trabajaba en el departamento de ventas de una compañía grande de software, disfrutaba su trabajo y se enorgullecía de ser la vendedora más exitosa de la compañía. Recientemente ella quedó en segundo lugar de ventas, por lo que este «fracaso» en su intento de ser siempre número uno fue devastador. Empezó a dudar de sí misma y a preocuparse cada vez más por su desempeño. Como consecuencia, tuvo problemas estomacales, sufría sudores repentinos y mareos e incluso su cuerpo temblaba antes de iniciar una venta. Había perdido su confianza, dejó de disfrutar su trabajo y se vio a sí misma como una fracasada. Ángela probó las prácticas de puente mente-cuerpo y, al usar sus herramientas para reducir la ansiedad, empezó a controlarla. Usó la herramienta de mapas mente-cuerpo de dos partes para encontrar sus requisitos:

> *No debo decepcionar a la compañía.*
> *Mis habilidades de ventas siempre deben ser las mejores.*
> *Debo ser la vendedora número uno.*
> *Debo permanecer siempre tranquila y en control.*
> *Nunca debo mostrar mis emociones.*

Mientras hacía los mapas, Ángela señaló: «No es cuestión de desempeño, de los clientes, ni de la compañía; ¡lo que hace que me sienta ansiosa son mis propios requisitos!». Empezó a usar su cuerpo como brújula para distinguir cuándo su Sistema-I comenzaba a activarse, y logró permanecer cada vez más tiempo en el modo ejecutivo. Con su Sistema-I en silencio, Ángela logró reconocer sus requisitos cuando se presentaban en su vida diaria; al poco tiempo, sus síntomas de ansiedad disminuyeron y pudo disfrutar realmente de su trabajo en ventas.

El puente mente-cuerpo es una práctica continua. Usa tus herramientas para reducir la ansiedad para vivir cada aspecto de tu existencia con el Sistema-I en calma. Tus nuevas herramientas, después de leer este capítulo, aparecen en la lista que está a continuación.

Herramientas para reducir la ansiedad

➤ Crea mapas de mente-cuerpo de dos partes todos los días y repítelos cada vez que te sientas ansioso.

➤ Descubre cómo los requisitos activan tu Sistema-I.

➤ Reconoce los requisitos para silenciar tu Sistema-I.

➤ Crea una amistad con tu cuerpo para que te sirva como brújula.

ESCALA DE EVALUACIÓN PMC: RECONOCE TUS REQUISITOS PARA EMPEZAR A SANAR TU ANSIEDAD

Fecha: _____

Después de usar las herramientas de este capítulo durante varios días, selecciona la opción de cada pregunta que mejor describa tu experiencia: casi nunca, a veces, normalmente o casi siempre.

¿Qué tan seguido...	Casi nunca	A veces	Normalmente	Casi siempre
ubicas y reconoces la tensión de tu cuerpo como una señal de demasiada actividad en tu Sistema-I?				
percibes los efectos destructivos de tu Sistema-I en tu vida?				
te das cuenta de que debajo de tu ansiedad hay un Sistema-I excesivamente activo?				
reconoces tus requisitos?				
descubres que dejas de estar presente en el momento?				
usas las prácticas de puente de conciencia para silenciar al Sistema-I y aumentar tu calidad de vida?				
logras apreciar la vida desde un punto de vista diferente?				
haces diariamente tus mapas mente-cuerpo de dos partes?				

Cuando tu Sistema-I está activo, ¿cómo controlas tu ansiedad?

_____

_____

Cuando usas tus herramientas para reducir la ansiedad y tu Sistema-I está en silencio, ¿cómo respondes ante situaciones difíciles?

_____

_____

¿Cuál es el beneficio más importante de hacer mapas mente-cuerpo de dos partes?_____

_____

CAPÍTULO 3

CONTROLA A TU DEPRESOR, EMPIEZA A SANAR

Descubre, siente y aplica

Descubre cómo tu depresor impide que controles tus pensamientos perturbadores y crea las condiciones para que te sientas ansioso.

Siente cómo al tomar el control de tu depresor respondes mejor a tus pensamientos desconcertantes y empiezas a sanar.

Aplica tus herramientas para reducir la ansiedad en tu vida diaria.

Lenguaje mente-cuerpo

Yo impotente: tu manera de pensar, sentir, ver el mundo y comportarte cuando tu Sistema-I está activo. La vida se vuelve abrumadora, tu funcionamiento ejecutivo está disminuido y te cuesta trabajo controlar la ansiedad.

Depresor: la parte del Sistema-I que transforma tus pensamientos negativos naturales y diálogo interno (lo que te dices en tu mente) en tensión corporal y saturación mental. Te hace sentir débil, incapaz y vulnerable, y abre el camino para que te sientas ansioso.

Historia: los pensamientos que tu Sistema-I convierte en historias (verdaderas o falsas) que lo alimentan, te producen ansiedad y te alejan de tus actividades.

Desactivar al depresor: cuando ves con claridad que tus pensamientos negativos son «sólo pensamientos», reduces el poder del depresor. Esto permite que tu mente-cuerpo comience a sanar de la angustia física y mental causada por el Sistema-I.

LA MENTE Y LOS PENSAMIENTOS NEGATIVOS

¿Sabías que, desde el punto de vista de la neurociencia, un pensamiento no es más que una secreción, una partícula química en la sinapsis donde se conectan dos células cerebrales? ¿Sabías que los psicólogos y otros profesionales que estudian a la mente a veces llaman *datos de la mente* a los pensamientos? Estos datos se organizan, se almacenan y se usan según sea necesario para responder a los eventos que van surgiendo. En este capítulo aprenderás cómo tu Sistema-I se apodera de tus pensamientos y te impide controlar tu ansiedad.

Para ello es vital saber cómo piensa tu mente y cómo usa los pensamientos. Si piensas *alto*, entonces tiene que haber un *bajo*; si piensas *bueno*, tiene que haber un *malo*; y lo mismo ocurre con *alegre* y *triste*; *tranquilo* y *enojado*; *enfermo* y *sano*; *joven* y *viejo*. La mente funciona con pensamientos positivos y negativos. Para muchas personas es difícil saber qué hacer con los negativos. Muchos tratan de usar afirmaciones positivas para deshacerse de aquéllos. Todos hemos tratado de repararnos con afirmaciones positivas, pero cuando dejamos de ser positivos, los pensamientos negativos vuelven con sed de venganza. ¿Entonces, qué hacemos con ellos? ¿Te has dado cuenta de que cuando tratas de alejarlos se vuelven más fuertes? Por ejemplo, trata de no pensar en un globo rojo. ¿En qué estás pensando? ¡En un globo rojo! Sólo la muerte cerebral podrá liberarnos de nuestros pensamientos negativos.

Entonces, permanece la pregunta: *¿qué hacemos con los pensamientos negativos?* El yo poderoso funciona en el modo ejecutivo, crea armonía y balance con pensamientos opuestos. Por ejemplo, todos tenemos emociones de felicidad y tristeza. Tu yo poderoso sabe cómo responder a cada una de ellas. Pero el Sistema-I tiene un método diferente. Su misión es mantenerse encendido aferrándose a pensamientos, normalmente los negativos. El *depresor*, que forma parte del Sistema-I, toma tus pensamientos negativos y tu diálogo interno para crear la tensión corporal y la saturación mental que conducen a que te sientas ansioso. El depresor se apodera de un pensamiento, como *soy un perdedor, no puedo con mi vida o no sirvo para nada*, y teje una historia sobre ese pensamiento y la repite hasta que cada célula de tu cuerpo se llena de negatividad y ansiedad. ¡Te percibes como una persona sin poder, rota o arruinada, y tienes una historia y un cuerpo llenos de tensión para comprobarlo! Este estado de mente-cuerpo se conoce como el *yo impotente* y es la fuerza detrás de tu ansiedad. Algunas personas que padecen este trastorno tratan de negar o cubrir sus pensamientos negativos; sin embargo, cuando niegas o no estás al tanto de tu diálogo interno negativo, te sientes aún más impotente. La angustia mental y física causada por el depresor del Sistema-I es una de las principales causas de que no dejemos de sentirnos ansiosos; por ello es muy importante que reconozcas claramente tus pensamientos negativos y lo que sientes sobre ti mismo.

La pregunta original, *¿qué hago con mis pensamientos negativos?*, se convierte entonces en, *¿qué hago con mi depresor?* El depresor es la nube oscura de tu Sistema-I. Usa el diálogo interno negativo que ocurre naturalmente durante el día para hacerte sentir débil e impotente. A partir de hoy empezarás a ver el diálogo interno negativo como realmente es: simples pensamientos. Es otro paso crucial para permanecer en el modo ejecutivo y evitar la ansiedad.

David ha logrado una carrera exitosa y está casado con una mujer que lo apoya, pero su diálogo interno, negativo y autocrítico, empezaba a arruinarle la vida. En su interior se decía: *me falta organizarme; yo provoco mis dolores de cabeza porque no puedo dormir; si me relajo, me voy a equivocar; no como bien*, y *me da miedo decir algo incorrecto*. La tensión corporal de David y su mente descontrolada le estaban causando insomnio y problemas estomacales. Este diálogo interno estaba afectando sus interacciones con otros por su enfoque negativo. Toda esta actividad en su Sistema-I lo estaba deprimiendo y haciéndolo sentir ansioso. Un colega en su trabajo le recomendó las prácticas de puente mente-cuerpo. Después de aprender las herramientas de puente de conciencia y cómo etiquetar sus pensamientos, en cada ocasión en que aparecía un pensamiento negativo (*todo lo hago mal*) etiquetaba ese pensamiento (*estoy pensando «todo lo hago mal»*), recuperaba la tranquilidad y volvía a sus actividades. David aprendió sobre el depresor de su Sistema-I y cómo capturaba sus pensamientos negativos para distribuir esa negatividad por todo su cuerpo. Comenzó a hacer mapas de depresores y aprendió que su Sistema-I le hacía sentir victimizado y débil. Su perspectiva cambió una vez que empezó a hacer mapas todos los días y a usar sus herramientas para reducir la ansiedad cada vez que percibía que su Sistema-I estaba activo. Ahora, cuando aparece un pensamiento negativo, después de etiquetarlo como un simple pensamiento, agrega un ligero *¿y qué más hay de nuevo?* antes de continuar con su día.

Trata de recordar tus diálogos negativos internos de las últimas 24 horas. En esta tabla apunta tus pensamientos, el tipo de tensión corporal que sientes, dónde se ubica y cómo se relaciona con los síntomas de tu ansiedad. Trata de ver la relación entre tus pensamientos negativos y tus niveles de tensión corporal.

Diálogo interno negativo	Tensión corporal
No soy buena persona, nada de lo que hago sirve, me voy a dar por vencido.	*Sudor, presión creciente en el pecho, cada vez más dificultad para respirar.*

En un principio podría parecer que reconocer tu diálogo interno negativo no guarda una relación directa con tus síntomas específicos de ansiedad. Algunas personas incluso han dicho que su diálogo interno negativo se debe a su incapacidad para controlar y superar esos síntomas. Lo que hemos descubierto es que cuando el depresor controla tus pensamientos negativos, crea tanto caos mental y físico que te hace sentirte cada vez más ansioso. El secreto para prevenir que tus pensamientos negativos se conviertan en ansiedad es saber cómo funciona el depresor, cómo llena tu cuerpo de ansiedad y cómo te impide sanar. Los siguientes mapas te brindarán más herramientas para abrir la capacidad de tu yo poderoso para sanar.

DESCUBRE CÓMO EL DEPRESOR TE IMPIDE CONTROLAR TUS PENSAMIENTOS DESCONCERTANTES

1. Haz un mapa de «Depresores». Escribe, alrededor del óvalo, cualquier pensamiento negativo que hayas tenido cuando estás decepcionado de ti mismo o cuando sientes desilusión. Si alguno de los pensamientos son positivos, busca sus opuestos negativos y apúntalos (ver el mapa de muestra en la siguiente página). En los siguientes minutos escribe todo lo que puedas.

A. Describe la tensión de tu cuerpo y cómo se desarrolla.

_____

B. ¿Cómo es tu comportamiento cuando tu depresor está activo?

_____

C. Describe el impacto de tu depresor activo sobre tu salud y tu calidad de vida: _____

Los pensamientos de tu mapa son pensamientos naturales que resultan ser negativos. El depresor se aferra a un pensamiento negativo natural y distribuye la negatividad por tu cuerpo. Este proceso crea una carga mental y física que te impide sanar y te hace sentirte más ansioso.

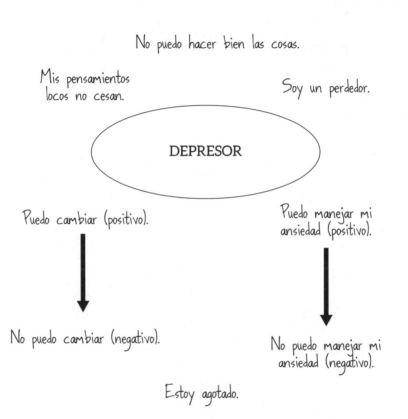

Nada parece ayudar contra
mi ansiedad.

Mi familia no entiende mis
problemas.

No puedo hacer bien las cosas.

Mis pensamientos
locos no cesan.

Soy un perdedor.

DEPRESOR

Puedo cambiar (positivo).

Puedo manejar mi
ansiedad (positivo).

No puedo cambiar (negativo).

No puedo manejar mi
ansiedad (negativo).

Estoy agotado.

A. Describe la tensión de tu cuerpo y cómo se desarrolla: *hombros tensos, cuerpo pesado. Cuanto más negativos son mis pensamientos, más se endurecen mis hombros y más pesado se siente mi cuerpo.*

B. Cómo es tu comportamiento cuando tu depresor está activo? *Al principio no hablo con nadie y luego los pensamientos preocupantes me abruman y no logro hacer nada.*

C. Describe el impacto de tu depresor activo sobre tu salud y calidad de vida: *no puedo con el cansancio, no puedo dormir y me aíslo.*

2. Es el momento de mirar más de cerca a tu depresor. A partir de tu mapa de «Depresores» anterior, elige el pensamiento que más te afecta, que más tensión corporal te genera (por ejemplo, *mis pensamientos locos no cesan*), y escríbelo en el siguiente óvalo. Ahora, durante algunos minutos escribe los pensamientos que se te ocurran alrededor del óvalo. Puedes usar frases como *no sirve nada de lo que hago, ¿por qué yo?* o *no tiene caso*.

MAPA DE PENSAMIENTOS
DESCONCERTANTES DESDE MI DEPRESOR

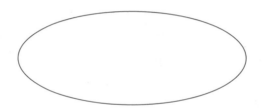

Describe la tensión de tu cuerpo y cómo se desarrolla.

_____

_____

La clave para controlar a tu depresor se encuentra en el mapa que acabas de hacer. Tu Sistema-I convierte los pensamientos de tu mapa (verdaderos o falsos) en historias. Piensa en alguna historia que recuerdes sobre tus pensamientos negativos. Recuerda que se llaman «historias». Es muy importante que reconozcas y estés consciente de la manera en que te controlan. Las historias son el enlace entre los pensamientos negativos que aparecen en tu mente, la angustia mente-cuerpo que describiste en los últimos dos mapas y tus síntomas de ansiedad. Las historias que crea tu Sistema-I empiezan con un pensamiento negativo y distribuyen la negatividad por todo tu cuerpo. Mantienen activo al Sistema-I y te alejan del presente. Si las detienes, entonces los pensamientos negativos no podrán crear un estado de mente-cuerpo que conduzca a que te sientas ansioso.

3. Trata de controlar tus pensamientos desconcertantes. Usa tus prácticas de puente de conciencia para hacer el mapa de nuevo. Escribe el mismo pensamiento desconcertante en el óvalo. Antes de empezar a escribir, escucha los sonidos de tu entorno, siente la presión de tu cuerpo sobre la silla, percibe tus pies sobre el suelo y la pluma en tu mano. Tómate tu tiempo. Cuando estés en calma, sin dejar de percibir la pluma en tu mano, comienza a escribir. Observa cómo el papel absorbe la tinta y escucha los sonidos de fondo. Escribe durante un par de minutos.

> MAPA CON PMC DE *PENSAMIENTOS DESCONCERTANTES DESDE MI DEPRESOR*

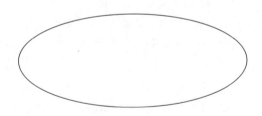

¿Cuáles son las diferencias entre los dos mapas?

A. ¿Tu mente está despejada o saturada de pensamientos?

_____

B. ¿Tu cuerpo está tenso o relajado?

_____

C. Cuando tu mente y tu cuerpo están en estas condiciones, ¿cómo es tu comportamiento?_____

_____

_____

PASOS PARA DESACTIVAR A TU DEPRESOR Y SEGUIR SANANDO

Cuando te sientes abrumado por tus pensamientos desconcertantes y sientes tensión corporal o señales de ansiedad es porque tu depresor está activo. Usa las siguientes herramientas para desactivar a tu depresor y permitir que tu yo poderoso vuelva a tomar el mando:

1. *Reconocer al depresor*: cuando pasan pensamientos negativos por tu mente y sientes tensión en tu cuerpo, recuerda que lo que te causa la angustia es tu depresor —no los pensamientos, la situación o las demás personas.

2. *Etiquetar pensamientos*: es la primera herramienta que usas para controlar tus pensamientos desconcertantes. Revisa tus mapas y elige uno que todavía te genere tensión corporal. Pronuncia las siguientes palabras hacia tu interior, estoy pensando _____ [insertar pensamiento]. ¿Sientes una reducción en tu tensión corporal? Recuerda: lo que provoca tu angustia es tu depresor, no el contenido de tus pensamientos.

3. *Prácticas de puente de conciencia*: si después de los pasos anteriores, todavía sientes tensión en tu cuerpo, escucha los sonidos de tu entorno, percibe la presión de tu cuerpo sobre la silla y tus pies en el suelo. ¿Sientes menos tensión corporal? Si es así, estás desactivando a tu depresor.

Joyce estudió en una escuela católica y desde los 12 años quiso convertirse en monja. Sin embargo, en la universidad conoció a una persona a quien llegó a querer mucho. Estaba muy contenta, pero sus pensamientos decían *no soy una persona de fe, soy una mala católica, merezco sentir culpabilidad porque me enamoré*. Cuando su novio le propuso matrimonio, en lugar de sentirse feliz, Joyce se sintió aún más culpable y empezó a sufrir ansiedad. No podía elegir entre ser monja y casarse con su novio. Cuanto más lo pensaba, más ansiosa se sentía. La situación comenzó a notarse en su desempeño escolar, padecía problemas para dormir y estaba paralizada por la necesidad de tomar la decisión «correcta». Por más que la situación le hiciera rezar, nunca encontró una respuesta; se sintió vacía, emocionalmente agotada y sola. Joyce decidió ir a un retiro con un grupo para mujeres. Una de las líderes era terapeuta en las prácticas de mente-cuerpo. Durante el retiro, Joyce aprendió sobre el puente mente-cuerpo, empezó a usar las herramientas para reducir la ansiedad e hizo mapas para poder entender su dilema. Se dio cuenta de los requisitos que tenía para sí misma, sobre su fe y acerca del amor. Al desactivar sus requisitos, descubrió que en realidad quería ser maestra. Admiraba a las monjas de su escuela católica, pero ser monja y llevar la vida de una no era el camino que ella buscaba. Cuando logró silenciar a su Sistema-I, reafirmó su fe y aceptó la propuesta de su novio.

RECONOCER UNA HISTORIA TE LIBERARÁ

Otra herramienta poderosa para reducir tu ansiedad es aprender a reconocer las historias. Recuerda que éstas no son más que pensamientos convertidos en relatos que mantienen a tu Sistema-I activo. Pero no son *sólo* historias; sus efectos dañan a tu cuerpo y nublan tu mente. Las historias negativas suelen definirnos y las positivas nos limitan. Todas las historias te mantienen en el pasado o soñando con el futuro. Te alejan del momento presente y te impiden responder con tu yo poderoso a lo que está ocurriendo ahora. Reconocer una historia simplemente requiere percibirla, ver los daños que está provocando y permitir que tu conciencia la detenga. Tu funcionamiento ejecutivo se restablece por su cuenta.

Joe, que creció en un hogar emocionalmente inestable, fue referido a las prácticas de puente mente-cuerpo por su doctor para tratar su colitis, ansiedad y depresión. De niño se volvió tan ansioso por la situación de su familia que desarrolló colitis y no podía hablar ni comer en presencia de otras personas. A través de las prácticas de puente mente-cuerpo aprendió a etiquetar sus pensamientos desconcertantes y usó las prácticas de puente de conciencia para evitar sentirse ansioso cada día. Por medio de las herramientas para reducir la ansiedad, reconoció sus requisitos y las historias sobre sí mismo, su familia (particularmente su padre) y su infancia en un hogar voluble. Aprendió que sus historias sobre su padre amargado y enojado (que lo ridiculizaba en cada oportunidad) y su madre pasiva y ansiosa (que no lo defendió) mantenía vivo a su depresor y lo hacían sentirse aún más ansioso. Joe empezó a ver que estas historias lo atrapaban. Cuando logró reconocerlas, su infancia se convirtió en un recuerdo lejano. Ahora sabe que los recuerdos sólo son pensamientos y *los pensamientos son sólo pensamientos*. Joe vive en el momento presente sin sufrir ansiedad ni colitis. Ya no es ese niño ansioso, es un hombre que no permite que el pasado interfiera con el presente.

Si usas tu herramienta para reconocer historias (simplemente estar conciente de una historia) durante el día, podrás darte cuenta de la cantidad de tiempo que consumen estas historias. No hace falta tratar de alejar esa historia; sólo debes reconocerla. Tu conciencia la disolverá y te ayudará a dormir mejor por las noches.

En su infancia, Karen tenía miedo de las vacunas. Su ansiedad por ir al doctor era tan grave que empezaba a sudar y su cuerpo temblaba. Karen fue diagnosticada con diabetes tipo 2 y tuvo que aprender a inyectarse insulina. La situación la volvió aún más ansiosa por el miedo que le tenía a las jeringas. Su mente empezó a tejer pensamientos e historias sobre el dolor que generan las inyecciones, la diabetes de su madre y cómo la había observado inyectarse todos los días; sobre los moretones que las inyecciones le provocaban y cómo murió por complicaciones relacionadas con esta enfermedad. Le dijo al doctor que no iba a poder inyectarse a sí misma. El doctor la dirigió a las prácticas mente-cuerpo. Karen, sabiendo que su salud dependía de las inyecciones de insulina, empezó a usar las prácticas de puente de conciencia y a etiquetar sus pensamientos para calmar a su Sistema-I. Mientras hacía los mapas sobre su temor a las jeringas, Karen se dio cuenta de que sus historias negativas y sus requisitos la mantenían congelada en su pasado y temerosa del futuro, y en la actualidad interferían con la posibilidad de inyectarse a sí misma. Ahora, cuando debe suministrarse insulina, reconoce sus historias (incluso las positivas que dicen que ella es fuerte y capaz) y escucha los ruidos del tráfico o del ventilador. Siente su cuerpo mientras se prepara para la inyección. Con sus herramientas para reducir la ansiedad, ahora puede inyectarse insulina sin sentirse ansiosa. ¿Está «curada» de su temor a las inyecciones? No, pero las prácticas de puente mente-cuerpo la han ayudado a tomar las riendas de su salud.

Piensa en la semana más reciente y observa cómo tu Sistema-I ha creado historias negativas cargadas de tensión. Distingue la tensión corporal que acompañó a cada situación y encuentra tu requisito oculto. Llena la siguiente tabla:

Situación	Historias negativas	Tensión corporal	Requisito
Salir de casa.	Tal vez las puertas no estén cerradas con llave; alguien se va a meter a robar; no revisé todas las puertas.	Sudor, palpitaciones.	Debo revisar y volver a revisar todas las puertas de la casa para tener seguridad.
Recibir la crítica de una persona.	Nunca seré suficientemente bueno para ella.	Tensión alrededor de la cabeza, tensión en la mandíbula y dientes apretados.	No debería criticarme.

Repasa alguna de tus historias más angustiantes y trata de seguir su línea narrativa. Ahora escucha los sonidos de tu entorno. Mientras los escuchas, observa el desenlace de tu historia. ¿Se le acaba el combustible a tu historia? El uso de tus prácticas de puente de conciencia las debilitará. Si el pensamiento desconcertante (*no cerré la puerta con llave*) persiste, etiqueta el pensamiento (*estoy pensando «no cerré la puerta con llave»*) y reconoce que tu ansiedad no se debe a la posibilidad de haber dejado la puerta abierta. Una vez que el Sistema-I se aferra a un pensamiento, te impide superarlo de manera saludable. Cuando reconoces que un pensamiento es sólo un pensamiento y una historia es sólo una historia, el pensamiento no tendrá la fuerza para hacerte sentir ansioso. Estarás libre para responder a todos tus pensamientos con el control de tu yo poderoso.

QUÉ HACER CUANDO PIENSAS «¿QUÉ PASARÍA SI...?»

1. Los siguientes mapas estudian esas ocasiones cuando piensas «¿qué pasaría si...?», que son capaces de generarte mucha ansiedad cuando piensas en ellas o cuando tratas de no pensarlas. Haz un mapa de situaciones importantes de tu vida en las que te preguntas «¿qué pasaría si...?» y que podrían conducir a consecuencias negativas (observa el mapa de muestra en la siguiente página). Trabaja rápidamente sin editar tus pensamientos.

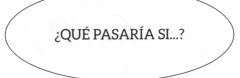

A. Describe tu tensión corporal inicial y cómo se convierte en ansiedad.

_____

_____

B. Haz una lista de tus depresores e historias. _____

_____

C. Haz una lista de tus requisitos. _____

_____

D. En este estado de mente-cuerpo, ¿cómo es tu comportamiento?

_____

MAPA DE MUESTRA DE ¿QUÉ PASARÍA SÍ...?

... mis hijos tienen problemas de ansiedad?

... mi perro muerde al perro del vecino?

... este cuaderno de trabajo no me sirve?

... mi madre no se recupera de la cirugía?

... no consigo un trabajo mejor pagado?

¿QUÉ PASARÍA SÍ...?

... el avión se estrella?

... nunca supero mis pensamientos terribles?

... hay un terremoto muy fuerte?

... muero durante el siguiente ataque de pánico?

... desaparezco? ¿Qué sería de mis hijos?

A. Describe tu tensión corporal inicial y cómo se convierte en ansiedad: *empieza como un nudo en mi estómago, pero mientras más pienso en «qué pasaría», más se tensa mi cuerpo entero y al final tengo que ir urgentemente al baño.*

2. Usa tus prácticas de puente de conciencia y vuelve a hacer el mapa. Antes de empezar a escribir escucha los sonidos que te rodean, percibe la presión de tu cuerpo sobre tu asiento, siente tus pies en el piso y la pluma que tienes en la mano. Tómate tu tiempo. Una vez que logres relajarte, siente la pluma en tu mano y empieza a escribir. Observa cómo el papel absorbe la tinta y escucha los sonidos de fondo. Escribe durante un par de minutos.

MAPA CON PMC DE
¿QUÉ PASARÍA SI...?

¿QUÉ PASARÍA SI...?

¿Cuáles son las diferencias entre los dos mapas?

A. ¿Tu mente está despejada o saturada de pensamientos?

_____

B. ¿Tu cuerpo está tenso o relajado?

_____

C. Cuando tu mente y cuerpo está en estas condiciones, ¿cómo es tu comportamiento? _____

_____

D. ¿Crees más probable que te sientas menos ansioso cuando estás en este estado de mente-cuerpo que con los mapas anteriores?

Sí _____   No _____

RESUELVE TU «¿QUÉ PASARÍA SI...?» MÁS ANGUSTIANTE

1. La mayoría de nosotros tenemos un «¿qué pasaría si...?» subyacente que nos hace sentir mal del estómago cada vez que lo pensamos (*¿Qué pasaría si me tengo que subir a un avión? ¿Qué pasaría si no puedo respirar?*). Haz otro mapa con cualquiera de estas situaciones que te genera tensión corporal y podría conducirte a sentir ansiedad. Escríbelo en el óvalo. Después, toma un par de minutos para escribir alrededor de éste todos los pensamientos que se presenten. Trabaja rápidamente, sin editarlos.

> MAPA DE ¿QUÉ PASARÍA SI...? MÁS ANGUSTIANTE

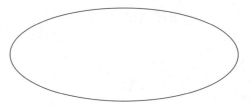

A. Describe tu tensión corporal y cómo se desarrolla.

_____

_____

B. Haz una lista de tus depresores e historias. _____

_____

C. Haz una lista de tus requisitos. _____

_____

D. En este estado de mente-cuerpo, ¿es probable que te sientas ansioso?

_____

2. Usa tus prácticas de puente de conciencia para hacer el mapa anterior nuevamente. Escribe el mismo elemento desconcertante en el óvalo. Antes de continuar, escucha los sonidos que te rodean, siente la presión de tu cuerpo sobre tu asiento, tus pies en el piso y la pluma que tienes en la mano. Tómate tu tiempo. Una vez que logres relajarte, siente la pluma en tu mano y empieza a escribir. Observa cómo el papel absorbe la tinta y escucha los sonidos de fondo. Escribe durante un par de minutos.

> MAPA CON PMC DE
> *¿QUÉ PASARÍA SI...? MÁS ANGUSTIANTE*

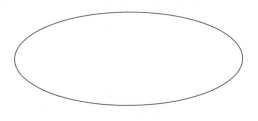

¿Cuáles son las diferencias entre los dos mapas?

A. ¿Tu mente está despejada o saturada de pensamientos?

_____

B. ¿Tu cuerpo está tenso o relajado?

_____

C. Cuando tu mente y cuerpo están en estas condiciones, ¿es probable que te sientas ansioso? _____

_____

PREGUNTAS CLAVE PARA CONTROLAR TUS PENSAMIENTOS DESCONCERTANTES

Cuando sientas que tus pensamientos desconcertantes te superan, responde las siguientes preguntas:

1. ¿Cuáles son las señales que indican que tu depresor está activo? (*cuerpo pesado, nudo en el estómago, pensar que no soy suficientemente bueno o que voy a sufrir ansiedad*).

   _____

   _____

2. ¿Cómo te comportas cuando tu depresor se apodera de ti? (*Comes en exceso, llamas a tu pareja para que te tranquilice, te vas a la cama*).

   _____

   _____

3. ¿Qué hace el depresor para impedir tu funcionamiento ejecutivo? (*No estoy tomando buenas decisiones, soy inconsistente con mis hijos, no puedo trabajar, siento mucha presión para cambiar cómo me siento*).

   _____

   _____

4. ¿Sientes que estás perdiendo el control de tu vida?

   Sí _____ No _____

   ¿De qué manera?

5. ¿Cuáles son tus historias? (*Nunca voy a mejorar, me siento ansioso debido a mis experiencias*).

6. ¿Tus historias te definen? Sí _____ No _____

   ¿De qué manera?_____

7. ¿Cuáles son tus requisitos? (*No debo tener malos pensamientos, debería superar mi ansiedad*). _____

   _____

   _____

Tu depresor se apodera de tus pensamientos negativos naturales y te conduce a sentirte ansioso. Te hace sentir débil e impotente y no te permite sanar.

APLICA LAS HERRAMIENTAS EN TU VIDA DIARIA

Kate, estudiante de primer año de universidad, empezó a faltar a clases y a aislarse cuando apenas llevaba unas semanas de haber iniciado el primer semestre. Las exigencias de la universidad y sentirse por primera vez lejos del apoyo de sus padres, causaron que se sintiera ansiosa y deprimida. La ansiedad por su apariencia provocó que dedicara más tiempo al gimnasio y empezara a comer menos. Al final buscó ayuda porque no podía dormir ni comer bien, se preocupaba constantemente por su apariencia y faltaba a clases. A los pocos días de haber comenzado a usar las prácticas de puente de conciencia para poder dormir, Kate empezó a despertar más fresca. Durante el día sus prácticas de puente de conciencia le ayudaron a sentirse menos ansiosa. Pudo ver cómo su depresor creaba tensión cuando capturaba pensamientos como estoy gorda, estoy fea y no soy muy inteligente. Kate aprendió a etiquetar sus pensamientos para impedir que aquellos que fueran negativos saturaran su mente y le crearan tensión corporal desagradable. Se dio cuenta de que sus historias consumían la mayor parte de sus días y le impedían asistir a clases. Los mapas le ayudaron a reconocer sus requisitos sobre su apariencia y su desempeño académico. Por medio de todas sus herramientas para reducir la ansiedad, Kate logró tomar mejores decisiones y ajustarse a la universidad.

Veamos las herramientas para reducir la ansiedad que usó Kate.

1. Usó sus herramientas de consciencia para tranquilizar a su Sistema-I y acceder a su poder innato para sanar.

2. Reconoció que el malestar se debía a su depresor y no a sus pensamientos negativos.

3. Etiquetó sus pensamientos para controlar los que fueran desconcertantes.

4. Se dio cuenta que los giros de sus historias la alejaban del momento presente.

5. Logró reconocer sus requisitos, volver al modo ejecutivo y prosperar en la universidad.

A continuación tenemos las tres herramientas que hemos discutido en este capítulo. Úsalas con las que aprendiste en los dos capítulos previos para desactivar a tu depresor, acceder a tu yo poderoso y ayudarte a que te sientas menos ansioso.

Herramientas para reducir la la ansiedad

➤ Reconocer la actividad del depresor.

➤ Estar consciente de tu historia.

➤ Desactivar al depresor.

ESCALA DE EVALUACIÓN PMC: CONTROLA A TU DEPRESOR, EMPIEZA A SANAR

Fecha: _____

Después de usar las herramientas de este capítulo durante varios días, selecciona la opción de cada pregunta que mejor describa tu experiencia: casi nunca, a veces, normalmente o casi siempre.

¿Qué tan seguido...	Casi nunca	A veces	Normalmente	Casi siempre
percibes el diálogo interno negativo y la tensión corporal como señal del depresor?				
sientes que tu depresor está desencadenado y te hace sentir débil e impotente?				
sientes que tu yo impotente se origina en tu Sistema-I?				
reconoces que el depresor activo abre el paso a los ataques de ansiedad?				
reconoces la actividad de tu depresor y etiquetas tus pensamientos para desactivarlo?				
reconoces tus historias?				
reconoces que tienes el poder para sanar cuando tu Sistema-I está en silencio?				

Describe la tensión corporal que acompaña al depresor y cómo se desarrolla.

_____

_____

Haz una lista de los temas de dos historias.

_____

_____

Describe dos comportamientos relacionados con el depresor.

_____

_____

¿Cómo te sientes cuando desactivas a tu depresor y vives con el Sistema-I en silencio?_____

_____

CAPÍTULO 4

CONTROLA TU REPARADOR PARA SUPERAR TUS COMPORTAMIENTOS CARGADOS DE ANSIEDAD

Descubre, siente y aplica

Descubre cómo tu reparador impulsa tus comportamientos cargados de ansiedad.

Siente cómo desactivar al reparador te ayuda a superar esos comportamientos.

Aplica tus herramientas para reducir la ansiedad en tu vida diaria.

Lenguaje mente-cuerpo

Reparador: socio del depresor que impulsa tus comportamientos cargados de ansiedad con pensamientos excesivos e interminables sobre cómo puedes repararte a ti y al mundo.

Desactivar al reparador: cuando reconozcas claramente (al estar en alguna actividad) que tu reparador está activo y uses tus herramientas para reducir la ansiedad lo dejarás sin poderes. De inmediato sentirás una transición de tu estado estresado y ansioso, a uno donde tu cuerpo y tu mente están relajados. Ahora puedes quedarte en calma y hacer lo que tengas que hacer en el modo ejecutivo.

Ciclo depresor-reparador: estos socios del Sistema-I crean un círculo vicioso que mantiene activo al Sistema-I y te provocan síntomas de ansiedad.

EL ENEMIGO INTERIOR OCULTO: EL REPARADOR

Los requisitos, el depresor y el reparador son las tres partes principales del Sistema-I. Los requisitos son las reglas que este último dicta sobre cómo debe ser el mundo. Cuando se rompe un requisito el Sistema-I se enciende. Entonces el depresor y el reparador entran en acción, interactúan y mantienen vivo al Sistema-I. En este capítulo nos enfocaremos en el reparador. Es el socio fiel y vitalicio del depresor que te impulsa a reparar el estado doloroso y negativo que te ha causado el depresor. Nace de la creencia falsa (causada por el depresor) que te dice que estás roto, que trata de repararte y funciona haciéndote pensar que realmente te está ayudando. Te presiona para que sientas la necesidad urgente de tomar medidas, tales como evitar situaciones, organizar en exceso, lavar, revisar y volver a revisar o incluso recoger. Cuando el reparador esté activo, nada bastará. Puedes reconocerlo al sentir la tensión corporal elevada y la mente llena de pensamientos ansiosos, como *si no hago tal cosa, ocurrirá algo malo,* o *si hago tal cosa, me dará un infarto,* o *no puedo ir de compras sin mi pareja.* Sin importar lo que hagas, el depresor aparecerá con pensamientos como *no puedo con esto y soy inútil,* por lo que tu reparador se activará aún más. El depresor y el reparador trabajan juntos en un ciclo depresor-reparador que mantiene activo al Sistema-I y es responsable de varios síntomas de trastornos de ansiedad, tales como ataques de pánico, agorafobia, fobia, trastorno obsesivo compulsivo (TOC), trastorno por estrés postraumático (TEPT), trastorno por estrés y trastornos de ansiedad generalizada.

Hali, una respetada asistente de gerente de un supermercado, sufría de preocupaciones excesivas, dolores estomacales y de espalda, así como de problemas para dormir, por lo cual se ausentaba del trabajo con frecuencia. Cuando su supervisor le presentaba las quejas y problemas de los clientes, ella de inmediato sentía ansiedad y pensaba *es mi culpa, todo lo hago mal y me van a despedir.* Sus pensamientos tejían historias y llenaban su cuerpo de negatividad, haciéndola sentir débil e inepta. Entonces empezó a usar su «cara de tranquilidad» para cubrir su sensación de ineptitud. Cuando su jefe se iba, se esforzaba al máximo para resolver los problemas.

Y si bien sus acciones lo satisfacían, los esfuerzos de Hali nunca cumplían con sus propias expectativas. Sus pensamientos negativos se desencadenaban y su cuerpo se angustiaba aún más (úlcera, insomnio y dolor de espalda crónico). Sin importar la calidad de su rendimiento o cuánto se esforzaba, su ansiedad interna y síntomas físicos nunca desaparecieron. Su médico le recomendó usar las prácticas de puente mente-cuerpo.

A través de las herramientas para reducir la ansiedad y las prácticas mente-cuerpo, Hali comenzó a entender su tensión corporal y presión mental como señales de actividad en su Sistema-I. No se había percatado de que su reparador había estado al mando todo ese tiempo, tratando de reparar la angustia interna provocada por su depresor, y sin importar cuánto se esforzara, nunca repararía su sentido interno de indefensión (el yo poderoso). Es más, cuando se exigía más y más para tratar de «repararse» sus síntomas empeoraban. Es importante destacar que cada pensamiento asociado del reparador (por ejemplo, *tienes que ser más fuerte*, *esfuérzate más*, o *tienes que hacer más*) estaba asociado con pensamientos del depresor (por ejemplo, *soy débil* o *no puedo*). Incluso cuando lograba el éxito, no se sentía en paz ni disfrutaba de un estado de bienestar. Se dio cuenta durante sus actividades diarias, cuando su estómago o espalda se apretaban, que estaba frente a una muestra inequívoca de un reparador activo. Hali empezó entonces a usar sus herramientas para reducir la ansiedad con el fin de impedir que su mente-cuerpo entraran en un estado de reactividad excesiva. Por medio del uso diario de sus prácticas de puente mente-cuerpo logró contener su impulsividad, pudo ser más efectiva durante el día y dormir la noche entera. Sus síntomas de ansiedad empezaron a disminuir. Hali estaba aprendiendo a vivir desde su yo poderoso, a funcionar en el modo ejecutivo.

DESCUBRE CÓMO TU REPARADOR TE PROVOCA COMPORTARTE CON ANSIEDAD

1. Para superar tus comportamientos cargados de ansiedad es crucial que reconozcas que estás siendo controlado por el reparador. El siguiente mapa de reparadores te sorprenderá. Escribe alrededor del óvalo tus pensamientos sobre «cómo voy a mejorar mi vida». Trabaja rápidamente durante un par de minutos, sin editar tus pensamientos.

CÓMO VOY A
MEJORAR MI VIDA

A. Al revisar tu mapa en general, ¿cómo te sientes?

Calmado＿＿＿＿＿   Tenso＿＿＿＿＿   Abrumado＿＿＿＿＿

B. Considera cada elemento de tu mapa y distingue cuánta tensión corporal sientes cuando piensas en perseguir esta meta de superación personal. Junto a cada elemento del mapa, escribe tu nivel de tensión corporal con alguno de los siguientes símbolos: ø si no hay tensión corporal; + si la tensión es poca; ++ si es moderada, o +++ si es severa. El mapa de muestra al final de este ejercicio puede servirte como guía.

Las afirmaciones de tu mapa pueden ser pensamientos del reparador que nacen del Sistema-I activo o pensamientos naturales que emanan de un funcionamiento ejecutivo. Los que están acompañados de tensión corporal son pensamientos del reparador del Sistema-I, y los que carecen de tensión corporal nacen del funcionamiento ejecutivo. Lo que debes aprender es a distinguir la diferencia entre ellos. La tensión corporal que acompaña a tus pensamientos indica que tu Sistema-I está activo. El reparador acarrea una urgencia mental, te presiona cada vez más para que actúes. Recuerda: el funcionamiento ejecutivo se refiere a cómo piensas, cómo te sientes, cómo ves el mundo y cómo te comportas cuando tu Sistema-I está en silencio. Al estar en el modo de funcionamiento ejecutivo sin lograr un objetivo, tu decepción es natural. Pero cuando no logras un objetivo impuesto por tu reparador, el sentimiento es devastador; tu mente gira con pensamientos ansiosos y tu cuerpo está tenso. Por el bien de todos tus esfuerzos y las intenciones de alcanzar tus metas es importante que conozcas cuáles de tus actividades diarias caen presas de tu reparador.

C. Vuelve a revisar cada elemento de tu mapa e imagina que no vas a conseguir ese objetivo. Describe lo que ocurre con tu tensión corporal, así como el impulso que sientes para actuar:

_____

_____

D. Si ahora sientes tensión corporal y saturación mental debido a los elementos que antes estaban en el nivel ø, éstos se han convertido en pensamientos del reparador. Escribe los que aparecen en este mapa:

_____

_____

E. Escribe los pensamientos de este mapa que se originan en el funcionamiento ejecutivo (no generan tensión):_____

_____

2. Es importante comparar el mapa de depresores del capítulo 3 (primer mapa) con el de reparadores llamado «Cómo voy a mejorar mi vida»:

A. ¿Cuál de los dos mapas tiene niveles de energía más altos (te hace sentir mejor)?
Mapa de depresores _____ Mapa de reparadores _____

Los niveles elevados de energía que pueden acompañar al reparador y hacerte creer que te sientes mejor no son inusuales. Este aumento en tu nivel de endorfinas puede impedir que reconozcas a tu reparador, porque tus pensamientos te hacen sentir bien. Cuando está activo, el reparador te nubla el criterio y afecta tus acciones. Los pensamientos de este mapa, en el caso de ser impulsados por el reparador (_relajarme, ser una mejor madre_), provocan tus comportamientos cargados de ansiedad.

B. Tu cuerpo te ofrece información útil todo el tiempo. Observa las diferencias en la ubicación, calidad e intensidad de la tensión corporal que acompaña a los pensamientos que escribiste en los mapas de depresores y reparadores (por ejemplo, *mi tensión corporal en el mapa de depresores estaba cerca de mis entrañas y mi cuerpo se sentía pesado y lento; en mi mapa de reparadores mi tensión corporal está en mi pecho y en mi cabeza, y siento un poco de nervios*). _____

_____

La intensidad de tu tensión corporal y el impulso de tus historias son importantes señales que indican que el reparador de tu Sistema-I está activo. Las historias señalan que tu reparador está restringiendo tu capacidad para superar tu situación actual.

MAPA DE MUESTRA DE *CÓMO VOY A MEJORAR MI VIDA*

Ir al cine. +++

Estar más en control. +++

Dejar de perder el tiempo, organizarme. ++

Hacer mi trabajo sin preocuparme por que ocurran cosas malas. +++

Tener más tiempo libre. +++

CÓMO VOY A MEJORAR MI VDA

Ser un mejor padre o madre. ++

Dejar de intentar adelantar las decisiones. +++

Deshacerme de la ansiedad. +++

Sembrar flores. ø

Los pensamientos del reparador llegan acompañados de tensión corporal cuando piensas en lograr tus objetivos o te imaginas que no los alcanzarás (por ejemplo, *ser mejor padre o madre, dejar de dedicar tantas horas a reorganizarme, relajarme, ir al cine, tener más tiempo libre*). Distingue también los pensamientos originados en el funcionamiento natural (sin tensión corporal, señalados con ø) (por ejemplo, *sembrar flores*).

LAS MÁSCARAS DEL REPARADOR

La máscara del reparador tiene muchas presentaciones. Por ejemplo, Lou siente el impulso de lavarse las manos entre 70 y 80 veces al día. Tara siente la obligación de reordenar su cuarto todos los días. Sherri tiene una casa llena de cosas que acumula y tiene poco espacio para vivir. Bob es tan supersticioso que sus rituales ocupan horas cada día. Kim evita tantas actividades y lugares que su vida es muy limitada.

El reparador activa la presión mental, revuelve tu cuerpo y te impulsa a la actividad. Es el impulso detrás de tus acciones y te deja con una sensación de ansiedad e indefensión. Ten cuidado; tiene muchas maneras de presentar su exigencia. Te hace pensar *tengo que, necesito, debo* o *voy a*. Cuando tu Sistema-I está activado y el reparador ocupa la silla del conductor, puede dirigir actividades que son difíciles de controlar (acciones repetitivas o actividades que evitas), así como prevenir que te cuides y cumplas con tus responsabilidades. El reparador te impulsa a hacer cosas que aparentemente te harán sentir menos ansioso, pero más bien terminan por limitar tu vida. Cuando está activo, impulsa tus pensamientos cargados de ansiedad impidiéndote sanar. Siente las señales tempranas de tensión corporal, historias y presión mental.

Se disfrazará del gran salvador de tu vida. Al principio, puede aparentar disminuye tu ansiedad y mejora tu vida. Recuerda, la verdadera función del reparador es reparar los sentimientos que te genera el depresor y mantener al Sistema-I activo. Respalda al yo impotente. Algunas veces el reparador usa pensamientos como *me sentiré mejor si no camino a solas, lávate las manos para que estés limpio, revisa la estufa otra vez para que estés a salvo, organiza tus cosas en su lugar asignado* o *ten mejor sexo*, que en realidad ocultan los pensamientos subyacentes del depresor: *me da miedo caminar a solas, estoy sucio, no puedo confiar en mí mismo(a), me falta organizarme* o *no tengo buen sexo*. Los pensamientos ocultos del depresor te hacen sentir tan terrible que tu reparador asume el control de tus actividades cargadas de ansiedad.

Nunca subestimes la urgencia que puede generar el reparador cuando trata de reparar el yo impotente. Los pensamientos de éste llegan con presión física y mental, y por ello impulsan sus actividades en un intento fallido para reparar los sentimientos que te genera el depresor. Sin embargo, después de hacer la actividad impulsada por el reparador, tu depresor crea más sentimientos negativos y aquél vuelve a entrar en acción. Así se crea un estresante efecto de yo-yo (depresor-reparador-depresor-reparador...). Entonces se acumula tanta tensión y malestar mental que afecta tu capacidad para controlar tu ansiedad y cumplir con tus responsabilidades. El reparador también puede disfrazarse como un ayudante que te impulsa a dejar de sentirte ansioso y limitar tu comportamiento cargado de ansiedad. Aunque estos intentos parecen positivos, su éxito no suele durar mucho porque nacen de tu Sistema-I. Para romper este ciclo tienes que estar activamente consciente de la presión mental y física del reparador que impulsa tus actividades, y debes reconocer a tu depresor, que está debajo de la superficie.

DEBAJO DE TU REPARADOR
HAY UN DEPRESOR

1. Cada reparador lleva un depresor interior que lo controla. Estudia de nuevo el mapa «Cómo voy a mejorar mi vida». Escribe los pensamientos del depresor que están debajo de los del reparador. Puedes usar el siguiente mapa como ejemplo.

MAPA DE MUESTRA DE *CÓMO VOY A MEJORAR MI VIDA (CON PENSAMIENTOS DEL DEPRESOR)*

Ir al cine. +++

Soy incapaz de entrar en una sala de cine.

Estar más en control. +++

No tengo control de mi vida.

Dejar de perder el tiempo. Organizarme. ++

Nunca terminaré de reorganizar mis cosas.

Ser un mejor papá. +++

No soy un buen papá.

CÓMO VOY A MEJORAR MI VIDA

Hacer mi trabajo sin preocuparme de que ocurran cosas malas. +++

Siempre me preocupará que ocurran cosas malas.

Tener más tiempo libre. +

Nunca tendré tiempo libre.

Dejar de intentar adelantar decisiones. +++

Siempre voy a adelantar mis decisiones.

Plantar flores. ø

Deshacerme de mi ansiedad. +++

Nunca voy a deshacerme de mi ansiedad.

2. Piensa en el último fin de semana. El reparador siempre se activa cuando tratas de escapar de los sentimientos que te genera el depresor. A continuación escribe cualquier actividad que te haya creado presión física o mental (actividades del reparador). ¿Puedes encontrar la actividad subyacente del depresor? Califica tu tensión corporal con ø, si no hay; con + si es poca; con ++ si es moderada, o con +++ si es severa.

Situación	Tensión corporal	Saturación mental	Requisito
Me lavé las manos 78 veces.	+++	Hago cosas malas.	Soy mal hijo porque no llamé a mamá. Ella me necesitaba.
No pude dejar de contar mis pasos en la cocina.	+++	Estoy en peligro.	Contar mis pasos me da seguridad.
No pude deshacerme de nada.	+++	No tendré nada.	Conservar mis cosas alivia mi ansiedad sobre el futuro.
Dediqué todo el fin de semana a afilar y limpiar herramientas.	+++	Las herramientas no están bien.	Las herramientas deben estar perfectas y por eso tengo que encontrar cada orilla sucia y desafilada.
No pude ir de compras sin mi amiga Julie.	+++	No puedo estar sola con toda esa gente.	Sufriré un ataque de pánico y nadie me podrá ayudar si no está Julie.
Reordené la sala.	+++	No logro el orden correcto.	Necesito saber que cada mueble está en el lugar correcto.

A. Cuando tu reparador estuvo activo, ¿cuáles fueron los resultados de tu comportamiento? Por ejemplo, *reordené mi sala: lo hice durante varias horas, no podía hacerlo bien, rompí una lámpara.*

_____

_____

_____

_____

_____

B. ¿Cómo te sentiste cuando tuviste pensamientos del depresor?

_____

C. ¿Apareció tu reparador para reparar los pensamientos del depresor?

        Sí _____   No _____

D. ¿Cómo se mantuvo el ciclo depresor-reparador con tus historias?

_____

_____

_____

_____

E. ¿Cuáles fueron los requisitos subyacentes que tratabas de cumplir?

_____

_____

_____

_____

_____

Para detener el ciclo depresor-reparador, y reducir la ansiedad en tu vida, desactiva al depresor y encuentra el requisito que está debajo de la superficie. Cuando tu Sistema-I esté en silencio, tu yo poderoso estará a cargo de tu trabajo, relaciones y momentos recreativos.

LA DANZA DEL DEPRESOR-REPARADOR

Aparte de quitarte el sueño y llenarte los días de ansiedad, el ciclo depresor-reparador daña tus relaciones impidiéndote tomar buenas decisiones. Al descubrir que dicho ciclo está en acción, puedes comenzar a dejar de sentirte ansioso y a sanar.

Sally, exitosa diseñadora de modas de 25 años de edad, sufrió un inesperado ataque de pánico mientras se preparaba para ir al trabajo. «Mi corazón latía rapidísimo, sentí que me moría». Después de 10 minutos dejó de sudar, recuperó el aliento y su malestar en el pecho desapareció. Seguía preocupada por lo que había sucedido, pero fue a trabajar. Dos semanas más tarde, Sally sufrió otro ataque de pánico. Entonces fue a ver a su doctor para someterse a un análisis médico completo. Después de muchas pruebas recibió un reporte médico que indicaba que su corazón estaba en condiciones normales y sus síntomas no tenían ninguna causa física evidente. Sally se sintió aliviada, pero siguió padeciendo ataques, los cuales la llevaron a buscar una terapia de mente-cuerpo. Tras desarrollar fuertes prácticas de puente de conciencia, observó que su ritmo cardiaco se aceleraba al principio de sus ataques. Cuando percibía estas señales tempranas, inmediatamente ejercía sus prácticas de puente de conciencia y etiquetaba sus pensamientos para calmarse. Así logró prevenir algunos ataques de pánico. También logró avances después de hacer un mapa de ataques de pánico, detectó que tenía depresores como *tengo miedo porque siento que me voy a morir, no sobreviviré, no puedo hacer nada* y *estoy atrapada*. Su reparador decía: *prepárate para una emergencia, recupera el control* y *esfuérzate más*. Vio sus requisitos: *no debería tener problemas del corazón* y *no debería estar enferma*. Sally empezó a llorar y dijo que cuando su madre murió de un infarto ella estaba en el colegio. Entonces reconoció que cuando un requisito activaba su Sistema-I, sus pensamientos de muerte, causados por el depresor, provocaban que entrara en estado de alerta: *prepárate para una emergencia, retoma el control* y *esfuérzate más*. Recuerda que el reparador surge para reparar los malos sentimientos provocados por el depresor. Este último, por tanto, responde con más indefensión y miedo, y el Sistema-I se mantiene activo. Sally se dio cuenta de que detrás de sus ataques de pánico había un ciclo depresor-reparador. Dos años más tarde envió una carta a su terapeuta de mente-cuerpo para agradecerle y decirle que ya no sufría de ataques, pero también estaba más feliz y era más exitosa que nunca.

Al estar activo tu Sistema-I tu comportamiento se vuelve impulsivo. Cuando evitas algo o tus comportamientos están cargados de ansiedad, es porque tu reparador está en control; por su parte, el depresor lo está en el momento en que sientes debilidad, impotencia y ansiedad. Ambos tienen una relación interesante; al rechazar, ignorar o negar a uno, fortaleces al otro. Por ejemplo, si no logras reconocer los pensamientos pasivos, débiles e indefensos que han sido capturados por el depresor, el otro se fortalece. No reconocer tu evasión o tus comportamientos cargados de ansiedad conduce a sensaciones corporales desagradables y pensamientos ansiosos originados por el depresor. Cuando tu Sistema-I está en silencio, ninguno está activo y tu yo poderoso está en control. Entonces ya no te sientes ansioso.

LAS ACTIVIDADES PENDIENTES QUE TE CAUSAN ANSIEDAD

Todos tenemos una lista de actividades pendientes que son parte de nuestras vidas diarias. El siguiente mapa de dos partes demuestra que tu reparador te está dificultando cumplir la lista sin sentirte ansioso o sin evitar actividades.

1. Escribe, alrededor del óvalo, todas las cosas que debes hacer en los siguientes días y te generan ansiedad. Hazlo durante un par de minutos sin editar tus pensamientos. El mapa de muestra que está a continuación puede ayudarte.
2. Vuelve a hacer el mapa, esta vez con tus prácticas de puente de conciencia y analiza los resultados. Antes de escribir escucha los sonidos que te rodean, percibe la presión de tu cuerpo sobre tu asiento, tus pies en el piso y la pluma que tienes en la mano. Tómate tu tiempo. Una vez que logres relajarte, siente la pluma en tu mano y empieza a escribir. Distribuye tus pensamientos alrededor del óvalo. Observa cómo el papel absorbe la tinta, siente la pluma en tu mano y escucha los sonidos de fondo. Escribe durante un par de minutos.

A. Junto a cada elemento de tu mapa señala tu nivel de tensión corporal con alguno de los siguientes símbolos: ø si no hay tensión; + si es poca; ++ si es moderada, o +++ si es severa. El mapa de muestra al final de este ejercicio puede servirte como guía.

B. Haz una lista con las historias asociadas con los tres reparadores que están acompañadas de mayores niveles de tensión.

_____

_____

_____

MAPA DE MUESTRA DE *PENDIENTES*

Tener compañía para la cena. +++

Finalizar el plan para el nuevo
proyecto en el trabajo. ++

Llevar a mis hijos al dentista. ++

Pagar mis facturas. ++

PENDIENTES

Ir a la junta de padres y
maestros. +++

Comprar regalo de cumpleaños
para mi hijo. +++

Ejemplos de historias:

Llamar a mamá: *debo llamarle ahora. Nada es suficiente para ella. Me critica. Siempre me dice cómo debo vivir mi vida.*

Asistir a la reunión de padres de familia y maestros: *Charlie no quiere hacer su tarea. Su maestra siempre me echa la culpa. Me habla como si fuera inferior.*

Finalizar los planes para un proyecto nuevo en el trabajo: *mi jefe siempre cambia el plan. No puedo omitir nada. ¿Y si me equivoco? Sería el fin de mi carrera.*

PENDIENTES

A. Compara los dos mapas. ¿Qué observas?

B. En este estado de mente-cuerpo, ¿cómo percibes la lista de actividades pendientes?

La liberación de tensión corporal y la reducción en tu saturación mental y sentido de urgencia significan que has transitado hacia el funcionamiento ejecutivo. Aprendiste que tu angustia y ansiedad fueron por el ciclo depresor-reparador, con sus respectivas historias, y no por tus actividades pendientes. Cuando el Sistema-I no te hace sentir más ansioso o te quita tu poder, puedes completar mejor tus pendientes y hacerlos de una manera más natural.

Ahora que has calmado a tu Sistema-I, es el momento de llevar a cabo tus pendientes con tu yo poderoso al mando.

DESENMASCARAR A TU REPARADOR

Tus días están llenos de actividades. Muchas de ellas transcurren sin ansiedad (por ejemplo, jugar con tu perro o ver tu programa de TV preferido). Otras (por ejemplo, ir de prisa a una cita o reunión, esforzarte para cumplir con un plazo, responder a una lista interminable de exigencias que te quitan tiempo) bien pueden crear tensión corporal y estar acompañadas de historias (diálogo interno ansioso y preocupado). Al desenmascarar al reparador las actividades que estaban cargadas de tensión se liberan y puedes llevarlas a cabo con el Sistema-I en silencio.

Piensa en las últimas 24 horas y busca los lugares donde sientes tensión corporal específica, presión mental o si hay una fuerza que te impulsa. Lo que sientes es un reflejo del reparador en acción. Distingue las características de la tensión corporal (ubicación, tipo, o ambas) que acompañan a tu reparador. La clave para prevenir un ataque total de ansiedad está en percibir las señales tempranas de tensión corporal originada por este último.

Actividad	Tensión corporal y ubicación	Historia	Pensamiento provocado por el reparador
Organizar el garaje.	*Cuello tenso, presión en el pecho.*	*Está demasiado desorganizado, nunca terminaré.*	*Si me esfuerzo de verdad, quedará perfecto.*

El reparador también puede impedirte superar algún asunto. Por las noches, cuando tratas de dormir, tal vez pienses, una y otra vez, si hiciste algo que debías realizar o si lo olvidaste. El reparador de tu Sistema-I está en marcha interfiriendo con tu sueño, mientras tratas de resolver una situación o piensas en repararla. Antes de dormir puede ser conveniente que hagas un mapa de dos partes sobre «Lo que me preocupa». Recuerda las prácticas de puente de conciencia y etiqueta tus pensamientos para dormir bien. Hacer esto último por la noche es lo que más te puede revitalizar, mientras dormir mal puede provocar que empieces el siguiente día cansado y ansioso.

SITUACIONES QUE TRATAS DE EVITAR

1. Piensa en una situación que prefieres evitar (subirte en un elevador o volar). Escríbela dentro del óvalo. En los siguientes minutos, anota, alrededor de éste, los pensamientos que te genera dicha situación. El mapa de muestra puede servirte como guía.

MAPA DE *SITUACIONES QUE PREFIERO EVITAR*

SITUACIONES QUE
PREFIERO EVITAR

A. Describe tu tensión corporal inicial y cómo avanza con la ansiedad.

_____

_____

B. Haz una lista de tus depresores y sus historias.

_____

_____

C. Haz una lista de tus requisitos.

_____

_____

D. En este estado de mente-cuerpo, ¿cómo te sientes y comportas?

_____

_____

```
MAPA DE MUESTRA DE
SITUACIONES QUE PREFIERO EVITAR
```

No quiero estar en un elevador.

Los elevadores se atascan todo el tiempo.

Prefiero subir 20 pisos por las escaleras que usar un elevador.

Toda esa gente está amontonada, como sardinas.

Ahí dentro podría quedar sin ayuda.

ESTAR DENTRO DE UN ELEVADOR

No pude permanecer dentro, aunque el elevador estaba vacío.

La última vez que estuve en un elevador, casi muero de un infarto. ¡No podía respirar!

Ya estoy sudando sólo de pensar en ello.

A. Describe tu tensión corporal inicial y cómo avanza con la ansiedad: *presión en el pecho que se convierte en falta de aliento y palpitaciones.*

B. Haz una lista de tus depresores y sus historias: *no puedo hacer nada, nunca superaré mi miedo.*

C. Haz una lista de tus requisitos: *no debo viajar en elevador.*

D. En este estado de mente-cuerpo, ¿cómo te sientes y comportas? *Siento mucho miedo y evito los elevadores.*

2. Acabas de ver cómo funciona tu Sistema-I. Te provoca ansiedad e impide que puedas realizar tus actividades. Hagamos el mapa de nuevo, esta vez con las prácticas de puente de conciencia y veamos qué sucede. Escribe el mismo objetivo en el óvalo. Antes de empezar escucha los sonidos que te rodean, percibe la presión de tu cuerpo sobre tu asiento, tus pies en el piso y la pluma que tienes en la mano. Tómate tu tiempo. Una vez que logres relajarte, siente la pluma en tu mano y empieza a anotar. Distribuye tus pensamientos alrededor del óvalo. Observa cómo el papel absorbe la tinta y escucha los sonidos de fondo. Escribe durante un par de minutos.

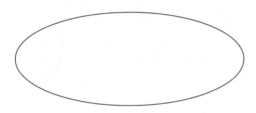

Observa los elementos de tu mapa. Los pensamientos que llegan sin tensión corporal excesiva, ansiedad o presión mental indican funcionamiento ejecutivo y la presencia de tu yo poderoso. ¿Cuáles son?

_____

_____

_____

Los dos mapas que acabas de hacer respondieron a la misma situación en el óvalo. En el primer mapa pudiste ver cómo tu Sistema-I agregaba ansiedad, saturación mental, tensión corporal y actividad de depresor-reparador. En el

101

segundo mapa lograste silenciar a tu Sistema-I con tus herramientas de conciencia y pudiste regresar al funcionamiento ejecutivo. Cuando te encuentras en este estado tu yo poderoso tiene el control. Cuando tu Sistema-I está en reposo puedes decidir hacer o no las cosas que antes tratabas de evitar.

DESACTIVA TU REPARADOR PARA SUPERAR LOS COMPORTAMIENTOS CARGADOS DE ANSIEDAD

Tu día consiste en una serie de actividades. Cada actividad que realizas o no en el día es definida por tu funcionamiento ejecutivo o por impulso del reparador. La ansiedad sólo es posible cuando el reparador está activo. La única situación donde puedes desactivar tu reparador es a la mitad de una actividad. Cuando logras detener el ciclo depresor-reparador y tranquilizas a tu Sistema-I, tu yo poderoso controla la actividad desde el modo ejecutivo. A lo largo del día siente la actividad de tu reparador: tensión corporal, presión mental, el ciclo depresor-reparador e historias. Cuando tu reparador está activo, usa los siguientes pasos para desactivarlo:

1. En cuanto sientas cualquier tensión corporal, urgencia mental e historias enredadas, negativas o ansiosas, recuerda que tu reparador está activo.

2. Usa las prácticas de puente de conciencia y etiqueta tus pensamientos para silenciar a tu Sistema-I.

3. Mantente atento a las nuevas historias que el reparador del Sistema-I (o su depresor subyacente) pueden llegar a tejer para decirte que éste podría ayudarte. Dichas historias obstruyen tu sentido de juicio y provocan más comportamientos cargados de ansiedad.

4. Cuando el reparador está activo, encuentra al depresor que está debajo de la superficie. Recuerda que el verdadero motivo del reparador es aliviar el dolor y la disfunción que causa el depresor (el yo impotente). Cuando logres desactivar a este último, automáticamente reducirás la presión y urgencia del otro y entrarás en tu yo poderoso.

5. Recuerda, no importa la actividad que estás haciendo, sino quién está detrás de ella. Si es el yo impotente de tu Sistema-I, tus comportamientos pueden estar cargados de ansiedad. Si es tu yo poderoso, que funciona en el modo ejecutivo, podrás realizar tus actividades sin sentirte ansioso.

Sabrás que tu reparador está desactivado porque tu Sistema-I se encontrará en silencio, tu cuerpo estará relajado y tus actividades las harás desde tu yo poderoso. Puedes ver que el yo impotente es una creencia falsa. No eres una persona descompuesta y no necesitas reparaciones. El funcionamiento ejecutivo es tu derecho por nacimiento.

Tina, una madre estresada y ansiosa, tenía dificultades para distinguir entre los pensamientos de su reparador y aquellos originados desde el funcionamiento ejecutivo natural, hasta que empezó a usar sus herramientas para reducir la ansiedad durante el día. Comienza el día en la regadera y aprovecha este espacio para hacer sus prácticas de puente de conciencia. Siente el calor del agua cuando toca su piel y escucha los sonidos de la regadera. Si surge algún pensamiento que ejerce presión sobre ella, lo etiqueta como un simple pensamiento y continúa con su baño. Por medio de estas prácticas diarias es capaz de calmar a su mente y cuerpo. Ahora, cuando mira el reloj y piensa *los niños van a llegar tarde a la escuela. Tenemos que apurarnos*, y siente la tensión en sus hombros, sabe que su reacción habitual de gritar «¡Van a llegar tarde a la escuela! ¡Apúrense!» nace del reparador. Vuelve a etiquetar sus pensamientos y usa sus prácticas de puente de conciencia. Escucha los ruidos del tráfico que entran por la ventana, siente sus pies mientras camina por el pasillo, percibe que sus hombros se relajan y reúne a todos con calma. Ha desactivado a su reparador en tiempo real, el único tiempo posible, y ha regresado al funcionamiento ejecutivo.

En el calor de cualquier situación tú también puedes convertir al reparador en funcionamiento ejecutivo natural. Recuerda: la única ocasión para desactivarlo y detenerlo es *durante* una actividad. Usa tus herramientas de reconocimiento de reparador durante varios días y después llena la siguiente tabla.

Actividad	Señal característica de tu reparador	Herramientas para reducir la ansiedad	Resultados
Preparar a los niños para la escuela.	Respiración acelerada, hombros erguidos, sensación urgente de vida o muerte.	Escuché sonidos de fondo. Me mantuve consciente de mi cuerpo.	Preparé a los niños para la escuela con calma.
Lavarme las manos excesivamente.	Necesidad urgente de lavarme las manos.	Reconocí que mi reparador estaba activo. Hice un mapa y encontré el pensamiento del depresor: «No ayudé a mi hermano cuando me llamó esta mañana».	Sentí menos urgencia de lavarme las manos.
Evitar asistir a un evento social de la universidad.	Evitar hacer algo que quería.	Percibí al depresor subyacente: «Soy extraño y no soy atractivo». Hice un mapa de dos partes.	Sentí menos ansiedad y fui al evento. Me divertí.

Estamos tan acostumbrados a la presión de nuestro reparador que hemos llegado al punto de aceptar lo que hace, y lo justificamos con *así soy yo*. ¿Cuántas veces has sentido ansiedad, impulsividad o inhibición y la has descartado diciendo *así soy yo*? Recuerda, cuando tu Sistema-I está activo, puedes desactivar tu reparador simplemente reconociendo que está activo. Hacer un mapa de dos partes es muy útil. Luego usa las herramientas para concientizar lo que estés haciendo. Lo más difícil es percibir las señales tempranas de actividad en tu depresor y reparador. Para lograrlo lleva a cabo una práctica de conciencia todos los días. Entonces, cuando percibas tensión corporal o aparezcan las historias negativas o la presión mental y sientas que algo te impulsa a actuar, sabrás que se trata del reparador. Si usas todas tus herramientas para reducir la ansiedad, gradualmente superarás tus síntomas.

NO ERES UNA PERSONA DESCOMPUESTA Y NO NECESITAS REPARACIÓN

Como habrás visto en el mapa «Cómo voy a mejorar mi vida», el reparador trata de presentarse como un ayudante valioso. Muchas personas creen que su éxito en la vida se debe a la presión y el impulso del reparador, y a veces hasta dicen: «Si no fuera por toda esta tensión, nunca hubiera logrado nada».

1. Haz un mapa llamado «Qué pasaría si me deshago de mi reparador». Apunta todo lo que se te ocurra cuando imagines que vas a dejar de escucharlo (por ejemplo, *se aprovecharán de mí*, *me despedirán de mi trabajo*, *nunca lograré nada* o *seré un desastre*). Escribe durante un par de minutos. Describe tu tensión corporal al final del mapa.

MAPA DE *¿QUÉ PASARÁ SI RENUNCIO A MI REPARADOR?*

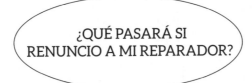

¿QUÉ PASARÁ SI RENUNCIO A MI REPARADOR?

Tensión corporal: _____

A. Revisa tu mapa y haz una lista de algunos de tus requisitos:

_____

_____

_____

B. Cuando estás en este estado de mente-cuerpo, ¿cómo es tu comportamiento? _____

    Algunas personas sienten mucha ansiedad al trazar este mapa. Han llegado al punto de depender del reparador para enfrentar y controlar situaciones que les generan incomodidad. Sienten que perderán su identidad y se debilitarán si dejan de escucharlo. Algunas personas piensan: *¡Deshacerme de mi reparador sería como deshacerme de mi brazo derecho! Si dejo ir a mi reparador, mi vida se irá por un tubo.* Temen que si se relajan, se volverán ineptos y fracasarán. Esta dependencia de sus poderes se debe a la promesa falsa del Sistema-I que nunca será satisfecha porque nunca podrás hacer lo suficiente. El siguiente mapa demostrará que, cuando logras silenciar a tu Sistema-I, te liberas de la tiranía de tu reparador y experimentas tu propio poder para sanar.

2. Repite el mapa anterior, esta vez con tus prácticas de puente de conciencia. Antes de empezar a escribir escucha los sonidos de tu entorno, siente la presión de tu cuerpo en la silla, tus pies sobre el piso y la pluma en tu mano. Tómate tu tiempo. Una vez que estés en calma, sin dejar de sentir la pluma en tu mano, empieza a escribir. Observa cómo el papel absorbe la tinta y escucha los sonidos de fondo. Anota durante un par de minutos.

¿QUÉ PASARÁ SI RENUNCIO
A MI REPARADOR?

A. Escribe dos comportamientos impulsados por el reparador que hayan causado problemas en tu vida.

_____

_____

B. ¿Crees que puedas desprenderte de ellos?   Sí _____   No_____

C. Cuando estás en el modo de funcionamiento ejecutivo y no en el descontrol del Sistema-I, ¿sientes que no te has descompuesto y no necesitas reparación?   Sí _____   No_____

Cuando tu Sistema-I está en reposo, tu yo poderoso tiene el control. En este estado unificado de mente-cuerpo puedes sanar y tienes acceso a tu fuente de bienestar y sabiduría, por lo que tienes la fortaleza y la energía para cuidarte y para todo lo que debes hacer sin sufrir ansiedad.

¿QUIÉN HACE TUS ACTIVIDADES?

«¿Qué debo hacer?» y «¿cómo debo manejar mi ansiedad?» son las preguntas más frecuentes. Pero no son las correctas. El verdadero asunto no es qué debes hacer ni cómo debes hacerlo, sino quién lo hace: tu yo impotente (Sistema-I activo) o el yo poderoso en modo ejecutivo. Si tu Sistema-I se encuentra excesivamente activo y tu yo impotente está en control, entonces tendrás pensamientos ansiosos y comportamientos cargados de ansiedad. Cuando tu Sistema-I está en silencio, tu yo poderoso, funcionando en el modo ejecutivo, estará al mando y tomará la mejor medida para responder a cada situación que se vaya presentando.

Durante el día, pregúntate quién está haciendo tus actividades (caminar, cuidar a los hijos, usar la computadora, pagar cuentas, trabajar, sentir frustración, jugar y demás). ¿Eres tú en plena ansiedad, con el impulso de un Sistema-I activo, o es tu yo poderoso natural? Recuerda: lo que importa no es la actividad sino quién la hace. Reconocer quién la lleva a cabo te ayuda a transitar de tu yo impotente a tu yo poderoso. Inténtalo y describe los resultados: _____

_____

_____

_____

_____

_____

NO DEJES QUE TU REPARADOR TE ENGAÑE

El Sistema-I no es estático; puede tratar de engañarte con nuevos reparadores. Para mantener tu progreso es importante reconocer los nuevos reparadores cada vez que aparecen. Algunos ejemplos son:

Estoy mejorando, puedo relajarme y dejar mis prácticas.

Me siento tan bien que puedo hacer los mapas en mi cabeza.

Está bien sentir ansiedad de vez en cuando si la situación lo requiere.

Sólo debo hacer mis prácticas cuando siento tensión o ansiedad.

No importa evitar algunas cosas.

El funcionamiento ejecutivo natural no necesita ningún esfuerzo, ya no necesito practicarlo.

Estos reparadores se presentan como decisiones originadas en el funcionamiento ejecutivo natural. Pero tienen los mismos indicadores distintivos que aprendiste previamente en este capítulo (tensión corporal, presión mental, historias urgentes y no ver los efectos de tus acciones). Lo que ha cambiado es que se ofrecen de una manera que te hace sentir a gusto con ellas y no logras percibir el nivel elevado de tensión que impulsa a cada decisión. El reparador toma el camino de menor resistencia. Cuando lo reconoces y reduces tu tensión con tus prácticas de puente de conciencia, tu yo poderoso toma las decisiones, sin la influencia del Sistema-I.

APLICA TUS HERRAMIENTAS PARA REDUCIR LA ANSIEDAD EN TU VIDA DIARIA

Recuerda: todas tus acciones en el día se originan en tu funcionamiento ejecutivo natural o son un impulso del reparador. Éste impulsa muchos tipos distintos de ansiedad. Recuerda que cuando se rompe un requisito (regla), el Sistema-I se activa. El depresor entonces captura los pensamientos negativos y teje historias que conducen a un desagradable estado de mente y cuerpo. Entonces, el reparador aparece para tratar de reparar este estado negativo. Sus actividades conducen a un estado de mente-cuerpo ansioso. Cuando reconoces la actividad de tu Sistema-I y usas tus herramientas para reducir la ansiedad, tu yo poderoso vuelve a asumir el mando.

Madge, que tenía antecedentes excelentes como conductora, sufrió un accidente automovilístico grave que no fue su culpa. Desarrolló ansiedad cuando quiso volver a conducir, tanto que tan sólo pensar en tomar el volante la llenaba de recuerdos sobre el accidente y le aceleraba el ritmo cardiaco. Madge descubrió las prácticas de puente mente-cuerpo. Aprendió sobre su ciclo de depresor-reparador, cómo crea temores y cómo esta actividad del Sistema-I era la causa de que se sintiera ansiosa. Su reparador la presionaba para que superara su accidente y volviera a conducir de inmediato. Su depresor aparecía con pensamientos negativos que le decían que podría volver a sufrir otro accidente. Por tanto, su reparador entraba con el pensamiento *entonces no conduzcas*. Sus historias hablaban sobre el peligro de otros conductores, le decían que no se podía confiar en ellos. Cuando Madge hizo mapas de su ansiedad, encontró que sus requisitos eran *debería ser capaz de responder a cualquier situación en el auto* y *la gente debe ser tan cuidadosa cuando conduce como lo soy yo*. Empezó a silenciar a su Sistema-I con sus prácticas de puente de conciencia y etiquetando sus pensamientos, que resultaron ser buenas herramientas para «tranquilizarse». Al poco tiempo, Madge pudo volver a conducir. Ahora, cuando lo hace y su mente empieza a girar, reconoce que su ciclo de depresor-reparador está activo, etiqueta sus pensamientos, siente el volante, escucha los sonidos del camino, pone atención a la vía y sigue conduciendo en calma.

Herramientas para reducir la ansiedad

> Desactivar al reparador.

> Reconocer el ciclo depresor-reparador.

> Convertir la actividad del reparador en funcionamiento ejecutivo.

ESCALA DE EVALUACIÓN PMC: CONTROLA A TU REPARADOR PARA SUPERAR TUS COMPORTAMIENTOS CARGADOS DE ANSIEDAD

Fecha:_____

Después de usar las herramientas de este capítulo durante varios días, selecciona la opción de cada pregunta que mejor describa tu experiencia: casi nunca, a veces, normalmente o casi siempre.

¿Qué tan seguido...	Casi nunca	A veces	Normalmente	Casi siempre
sientes la presión y la tensión interminable del reparador?				
reconoces las sensaciones corporales asociadas con el reparador?				
encuentras al depresor oculto en el reparador?				
te das cuenta cuando el ciclo depresor-reparador está activo?				
reconoces las historias que acompañan al reparador?				
reduces la ansiedad al reconocer a tu reparador?				
sientes la diferencia entre las actividades impulsadas por el reparador y las del funcionamiento ejecutivo natural?				
te das cuenta de que el reparador no es necesario para el éxito?				

Haz una lista de las principales sensaciones corporales que sientes cuando el reparador está en control.

_____

_____

Haz una lista de los pensamientos o comportamientos ansiosos que causa el reparador.

_____

_____

¿Cómo cambió tu ansiedad cuando reconociste a tu reparador y volviste al funcionamiento ejecutivo?

_____

_____

MEDIDOR DE CALIDAD DE VIDA DE PMC

Fecha: _____

Sólo debes usar este indicador cuando te hayas habituado a usar las herramientas para reducir la ansiedad de los primeros cuatro capítulos. Te permite medir tu progreso y llevar la cuenta de las experiencias que han cambiado tu vida.

En los últimos siete días, ¿cómo te has sentido en los siguientes rubros?

Subraya el número que corresponde a tu respuesta.	Nunca	Algunos días	Más de la mitad de los días	Casi todos los días
1. He sentido un interés positivo y placer en mis actividades.	0	1	3	5
2. He sentido optimismo, emoción y esperanza.	0	1	3	5
3. He dormido bien y me he despertado sintiéndome descansado.	0	1	3	5
4. He tenido mucha energía.	0	1	3	5
5. He logrado concentrarme en mis deberes y he tenido autodisciplina.	0	1	3	5
6. Me he mantenido con buena salud, he comido bien, he realizado ejercicio y me he divertido.	0	1	3	5
7. Me he sentido bien en mis relaciones con familiares y amigos.	0	1	3	5
8. He sentido satisfacción con mis logros en casa, en el trabajo o en la escuela.	0	1	3	5
9. He sentido tranquilidad respecto a mi situación económica.	0	1	3	5
10. Me he sentido bien con la base espiritual de mi vida.	0	1	3	5
11. Me he sentido satisfecho con el rumbo de mi vida.	0	1	3	5
12. He experimentado satisfacción y una sensación de bienestar y paz mental.	0	1	3	5

Resultados: Total por columna   _____ _____ _____ _____

0-15 .... Pobre
16-30 .... Regular
31-45 .... Bueno   Total _____
46 o más .... Excelente

CAPÍTULO 5

DESACTIVA TUS REQUISITOS PARA PREVENIR LA ANSIEDAD

Descubre, siente y aplica

Descubre cómo los requisitos son la raíz de la ansiedad.

Siente cómo desactivar tus requisitos previene que te sientas ansioso.

Aplica las herramientas para reducir la ansiedad en tu vida diaria.

Lenguaje mente-cuerpo

Desactivar requisitos: cuando usas todas tus herramientas para reducir la ansiedad, respondes a una situación que antes te la generaba (encendía tu Sistema-I), con una mente lista y relajada, libre de ella. Incluso cuando no se cumpla la expectativa que el Sistema-I dicta sobre ti y el mundo, el requisito no tendrá el poder para encender tu Sistema-I y hacerte sentir ansioso.

EL INTERRUPTOR DE TU ANSIEDAD

El Sistema-I, como el interruptor de la luz, sólo puede estar encendido o apagado. Su estado natural es apagado. Al estar apagado, tú estás en el modo ejecutivo, con tu mente y cuerpo en equilibrio y armonía. Tu capacidad para responder a las situaciones que enfrentas está en su punto máximo. Es tu yo poderoso.

La armonía y el equilibrio sólo sufren disrupciones cuando un requisito enciende al Sistema-I. Al estar activo el depresor y el reparador mantienen al Sistema-I en marcha. El papel del depresor es reducir o incluso paralizar tu mente y tus funciones de mente y cuerpo (percibir, pensar, sentir y actuar). Tu mente está llena de pensamientos desconcertantes y tu cuerpo se siente pesado y aletargado. La función del reparador es acelerar tu mente y cuerpo excesivamente. La primera gira presionada por pensamientos ansiosos y el otro se tensa. Tu ansiedad y estimulación excesiva te impiden reaccionar de manera sana ante las situaciones que enfrentas. Cuando reconoces y desactivas tus requisitos, controlas el interruptor de encender/apagar.

Mia, una doctora exitosa y casada, le ha tenido miedo a las serpientes desde la infancia, cuando los niños del vecindario correteaban con serpientes a las niñas y se burlaban de ellas. Mia terminó la universidad, la escuela de Medicina y su residencia sin pensar demasiado en sus temores. Se estableció con su familia en un pequeño poblado del medio oeste donde cada verano aparecían serpientes en el jardín. Aunque no eran venenosas, siempre que veía una se quedaba petrificada, empezaba a sudar y su ritmo cardiaco se aceleraba. Después seguían 15 minutos de vómito y miseria. Se tardaba media hora en tranquilizarse. No lograba entender esta fobia porque se sentía perfectamente cómoda con arañas, insectos, lagartijas y otros animales. No había nada en su trabajo que le causara ansiedad. Disfrutaba mucho trabajar en su jardín antes del inicio de la temporada de serpientes. A sus amigos les sorprendía cómo evitaba los jardines de todos en dicha temporada. Mia quería superar esta fobia y probó todo lo que pudo, incluyendo aparatos repelentes (que no funcionaron). Incluso trató de insensibilizarse yendo a la sección de serpientes del zoológico. Pero aunque estaban detrás de una barrera de cristal, mantuvo la mayor distancia posible, salió corriendo y vomitó.

Su vecino le recomendó las prácticas de puente mente-cuerpo. Ella construyó una base fuerte de prácticas de puente de conciencia y aprendió a etiquetar sus pensamientos para apagar su Sistema-I. Aprendió sobre su ciclo depresor-reparador y empezó a hacer mapas diarios. Cuando logró integrar todas las herramientas para reducir la ansiedad en su vida diaria, hizo un mapa de serpientes. Estaba lleno de depresores: *podrían apretarme hasta morir, tienen colmillos capaces de dejar mordidas profundas, podría morir de una mordida* y *mi prima perdió una pierna por una mordida de serpiente*. Sus reparadores eran: *aléjate de toda serpiente* y *no salgas al jardín hasta que se termine la temporada*. Hizo muchos mapas de serpientes y vio cómo el pensamiento de su depresor (*podría morir*) y las sensaciones corporales correspondientes (sensación dolorosa, casi paralizante en su estómago y su corazón) activaban sus pensamientos de reparador (*es una emergencia de vida o muerte*), junto con un exceso de estimulación corporal (aceleración de ritmo cardiaco, sudor, respiración rápida), que conducía a ataques de pánico. Al estar encendido su Sistema-I, no tenía otra opción más que evitar a las serpientes o sufrir un ataque de pánico. Una vez que se dio cuenta de que la causa de sus síntomas no eran las serpientes sino su ciclo depresor-reparador, sus mapas se volvieron más tranquilos y su tensión corporal disminuyó. Mia empezó a salir a su jardín, y un día, mientras estaba sentada en el suelo trabajando en una jardinera, vio a una serpiente. Saltó, pero en lugar de huir o sufrir un ataque de pánico, usó sus prácticas de puente de conciencia, etiquetó sus pensamientos, apagó su Sistema-I y miró a la serpiente a los ojos. Aunque la criatura no le fascinaba, simplemente la alentó para que siguiera su camino y entonces continuó trabajando en su jardín. Logró desactivar su requisito en tiempo real (el único lugar donde puede ser desactivado) y dejó de presentar ataques de pánico.

La figura 3.1 demuestra cómo funciona tu mente. Cuando tu Sistema-I está apagado, todos tus pensamientos fluyen naturalmente hacia el circuito inferior de funcionamiento ejecutivo. En dicho estado de mente-cuerpo unificado, tu yo poderoso tiene el control y vives la mejor existencia posible. Este circuito inferior es tu derecho por nacimiento. No importa quién seas o lo que te haya ocurrido, puedes vivir y expresar tu yo poderoso aquí y ahora. Tu yo poderoso siempre está presente y no se deja manchar o afectar por tus síntomas de ansiedad. El circuito inferior no es un objetivo; siempre está contigo y lo vives cada vez que tu Sistema-I está apagado. Una vez que tu yo poderoso tiene el control, puedes superar cualquier situación difícil que llegue a surgir. Por ejemplo, cuando estás en el circuito de funcionamiento ejecutivo y enfrentas una situación difícil, tu yo poderoso tiene la capacidad para responder a tu realidad constantemente cambiante. Compáralo con una situación similar al estar en el circuito del Sistema-I. En tal caso, tus mecanismos de respuesta y tus habilidades de resolución de problemas se encuentran limitadas por tus requisitos; y las acciones del ciclo depresor-reparador resultan en una sobrecarga de ansiedad y daños en tu funcionamiento.

Todos los pensamientos comienzan en el funcionamiento ejecutivo y están libres del Sistema-I. Los requisitos se forman cuando éste se apodera de tus pensamientos para crear una serie de reglas y una imagen de cómo debe ser el mundo y cómo debes ser tú en un momento dado. Mientras los eventos no rompan un requisito (regla), el Sistema-I permanece apagado y todos tus pensamientos, sentimientos, percepciones y acciones se originan en el funcionamiento ejecutivo. Pero cuando un evento rompe un requisito, el Sistema-I se activa y el depresor usa los pensamientos negativos para crear tensión corporal desagradable. El reparador, entonces, usa los pensamientos para tratar de deshacer o reparar el estado negativo de mente-cuerpo causado por el depresor. El ciclo depresor-reparador te hace sentir ansioso y afecta tu funcionamiento. El Sistema-I crea historias que mantienen vivo dicho ciclo.

En este capítulo harás mapas de los requisitos que tienes para ti, para otras personas y para ciertas situaciones. No dejes que tu Sistema-I te engañe y te diga que los mapas se pueden hacer en tu cabeza. Cuando colocas tus pensamientos sobre el papel y percibes tus sensaciones corporales, ocurre un poderoso proceso de asociación libre de mente-cuerpo. El pensamiento inesperado suele ser el requisito que está debajo de la superficie. Es entonces cuando ocurren los descubrimientos importantes. Los mapas están hechos para aumentar tus perspectivas de cada situación. Mientras más permaneces en el circuito de funcionamiento ejecutivo, más rápido y fácil se vuelve reconocer y desactivar tus requisitos cuando aparecen en tu vida. Reconocerlos significa que si te sientes ansioso puedes identificar, en el momento, que una regla mental que te dicta cómo debes ser y cómo debe ser el mundo ha sido vulnerada. Desactivar un requisito significa que ahora enfrentas una situación que antes te causaba ansiedad y ataques de pánico, con un estado de mente y cuerpo preparado y relajado. Independientemente de la situación, al desactivar tus requisitos tu Sistema-I se mantiene apagado. Adquirir el hábito de usar tus herramientas para reducir la ansiedad significa que vivirás cada vez más en el circuito de funcionamiento ejecutivo, relajado.

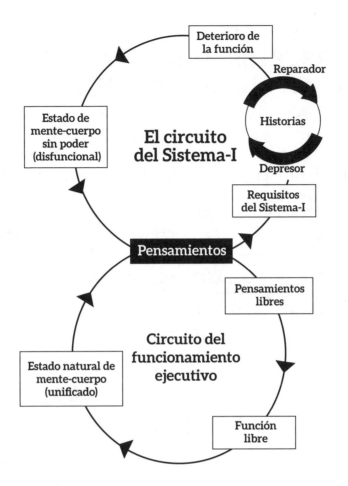

Figura 3.1 El circuito del Sistema-I y el circuito del funcionamiento ejecutivo.

La mente funciona a través de pensamientos. Fluyen de manera natural hacia el circuito de funcionamiento ejecutivo, donde puedes cuidarte y cumplir tus responsabilidades sin sentirte ansioso. Los pensamientos y el funcionamiento libres se refieren a cómo piensas, cómo ves el mundo y cómo es tu comportamiento cuando el Sistema-I está en reposo. Una vez que tus pensamientos se convierten en requisitos para ti y para el mundo, entonces te absorbe el circuito del Sistema-I, donde la conmoción de mente-cuerpo crea una vida que no es satisfactoria y está llena de ansiedad.

MANTÉN APAGADO EL INTERRUPTOR DE TU ANSIEDAD EN SITUACIONES ANGUSTIANTES

1. Algunas veces el comportamiento inadecuado de otros puede crear situaciones estresantes. Haz un mapa de una experiencia angustiante reciente que sea resultado del comportamiento de otra persona. Escribe el comportamiento en la parte superior del mapa (*mi esposo llama con frecuencia a una novia anterior*), y en el óvalo cómo quieres que actúe esa persona (*mi esposo no debe llamar a sus novias de antes*). Toma un par de minutos para escribir tus pensamientos alrededor del óvalo, mientras piensas en el comportamiento de esa persona.

MAPA DE *EXPERIENCIA ESTRESANTE*

Comportamiento de la otra persona:

_____

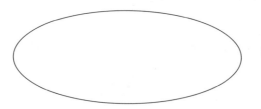

A. ¿Cómo es tu tensión corporal y cómo progresa?

_____

_____

B. ¿Tu angustia y comportamiento se deben al comportamiento de la otra persona o al requisito que escribiste en el óvalo?

_____

_____

C. ¿Cómo actúas en este estado de mente-cuerpo?

_____

_____

Cuando tu Sistema-I está en reposo, tu yo poderoso tiene el control. En este estado unificado de mente-cuerpo puedes sanar y tienes acceso a tu fuente de bienestar y sabiduría, por lo que tienes la fortaleza y la energía para cuidarte y para todo lo que debes hacer sin sentirte ansioso.

Si consideras que tu angustia y comportamiento fueron un resultado del comportamiento de la otra persona, te estás permitiendo ser víctima de lo que ha ocurrido. Si no logras ver que lo que tú esperabas de la otra persona es tu requisito, pasarás angustia y permanecerás en el circuito del Sistema-I. Cuando lo reconoces y ves lo que te está causando, inicias una drástica transición mental y física para dejar de ser víctima del comportamiento de los otros.

2. Escribe el mismo comportamiento en la siguiente línea. En el óvalo anota cómo querías que actuara la otra persona. Antes de empezar escucha los sonidos de fondo, siente la presión de tu cuerpo sobre tu asiento, tus pies en el suelo y la pluma en tu mano. Tómate tu tiempo. Una vez que estés tranquilo, siente la pluma en tu mano y empieza a escribir. Observa cómo el papel absorbe la tinta y escucha los sonidos de tu entorno. Escribe durante un par de minutos.

MAPA CON PMC DE *EXPERIENCIA ESTRESANTE*

Comportamiento de la otra persona:

_____

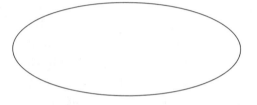

A. ¿Cómo varía este mapa en comparación con el anterior?

_____

B. ¿Cómo es tu comportamiento cuando te encuentras en este estado de mente-cuerpo?_____

_____

C. ¿Eres víctima de las circunstancias? Sí _____ No _____

D. ¿El interruptor de ansiedad de tu Sistema-I está apagado?
Sí _____ No _____

En el primer mapa de este ejercicio, la afirmación que escribiste en el óvalo fue un requisito, porque encendía tu Sistema-I. Después de usar tus herramientas y prácticas de puente de consciencia para silenciar a tu Sis-

120

tema-I, esa misma afirmación dejó de ser un requisito. Se convirtió en un pensamiento natural o en una expectativa, porque tu Sistema-I estaba en calma y tu tensión corporal y saturación mental se redujeron en gran medida. Ahora puedes responder a la misma situación con claridad mental y el cuerpo relajado. Tus prácticas de puente mente-cuerpo no eliminan tus expectativas del comportamiento de otros, pero sí la angustia y la ansiedad que causan tus requisitos.

ENCUENTRA LOS REQUISITOS QUE CAUSAN TU ANGUSTIA

Laurie tuvo una infancia traumática, un matrimonio violento (que abandonó) y cuatro hijos que han sufrido traumas y tienen problemas de comportamiento. Como resultado padecía frecuentes episodios en los que se sentía ansiosa, los cuales trataba de superar limpiando su casa de manera compulsiva, desinfectando diariamente cada superficie y tratando de controlar todo a su alrededor. Cuando se disparaba su ansiedad, lloraba histéricamente, hablaba en voz alta sin parar, temblaba y tenía dificultades para respirar. La gente se alejaba de ella y le decía que estaba «loca».

Después de acudir a terapia de puente mente-cuerpo, Laurie gradualmente pudo aprender y usar las herramientas para reducir la ansiedad en su vida diaria. Sus episodios se volvieron menos frecuentes y, cuando ocurrían, lograba calmarse escuchando su entorno, tocando objetos y sintiendo sus pies en el piso. Desarrolló habilidades para reconocer sus requisitos y desactivarlos en tiempo real. Reportó que cuando se le olvidaba reconocerlos mostraba síntomas de ansiedad, pero eran menos severos. Al poco tiempo de sufrir un episodio, notaba que su Sistema-I estaba activado, reconocía el requisito y se calmaba. Su comportamiento se volvió más tranquilo y apropiado para las situaciones. Se volvió menos ansiosa y compulsiva, por lo que empezó a sentir que era capaz de responder a los desafíos complicados de su vida y de ganarse el respeto de otros. Y lo más importante, sintió respeto por sí misma. Ahora, Laurie tiene la capacidad para responder a la vida desde su yo poderoso.

Haz una lista de las situaciones de los últimos días que te hayan alterado, que te hayan puesto tenso y ansioso, o que te hayan abrumado. Observa que siempre es un requisito subyacente que no habías reconocido, y no el evento, lo que te causa angustia. Reconocerlo iniciará cambios en tus pensamientos y acciones.

Situación	Cómo respondiste a la situación	Requisito incumplido
Mi pareja dijo que nunca cambiaré.	Empecé a temblar y lloré.	Mi pareja debe aceptar que tengo problemas.
El dueño de la compañía visitó nuestra oficina y pidió hablar conmigo.	Me puse tan nervioso que mis manos sudaban y temblaban y casi no podía hablar.	Debo guardar la calma y la compostura cuando tengo una reunión con el dueño de la compañía.

RECUERDA UN DÍA EN QUE TE SENTISTE DEMASIADO ANSIOSO

Piensa en un día reciente en el que te hayas sentido demasiado ansioso. Escribe lo que te venga a la mente cuando piensas en ese día. Hazlo durante un par de minutos. Al terminar el mapa, describe tu tensión corporal.

MAPA DEL *DÍA EN QUE ME SENTÍ DEMASIADO ANSIOSO*

DÍA EN QUE ME SENTÍ DEMASIADO ANSIOSO

A. Describe tu tensión corporal y su progresión.

_____

B. Haz una lista de tus pensamientos depresores y reparadores.

_____

C. Haz una lista de los requisitos que te has impuesto.

_____

_____

D. ¿Cómo te sentiste y cómo fue tu comportamiento en este estado de mente-cuerpo? _____

_____

2. Ahora haz un mapa sobre ese mismo día con prácticas de puente de conciencia. Antes de empezar a escribir, escucha los sonidos de tu entorno, siente la presión de tu cuerpo sobre tu asiento, tus pies en el suelo y la pluma en tu mano. Tómate tu tiempo. Una vez que estés tranquilo, siente la pluma en tu mano y empieza a escribir. Observa cómo el papel absorbe la tinta, escucha los sonidos que te rodean. Durante los siguientes minutos anota los pensamientos que pasen por tu mente.

> ## MAPA CON PMC DEL
> ### *DÍA EN QUE ME SENTÍ DEMASIADO ANSIOSO*

DÍA EN QUE ME SENTÍ DEMASIADO ANSIOSO

A. ¿Tu cuerpo está tenso o relajado?

_____

B. ¿Cómo te sentiste y cómo fue tu comportamiento cuando estabas en este estado de mente-cuerpo?

_____

C. ¿Empiezas a entender que la causa de tu angustia no son las dificultades de tu día, sino tu Sistema-I?   Sí _____   No _____

D. Regresa al mapa anterior y desactiva los requisitos. ¿Cómo te fue?
_____

Cuando uses tus herramientas para reducir la ansiedad todos los días, verás cómo te sientes menos ansioso ante las situaciones que se presentan en tu vida.

SUPERA LA ANSIEDAD ANGUSTIANTE APAGANDO EL INTERRUPTOR QUE LA ENCIENDE

1. Haz un mapa de un síntoma de ansiedad angustiante. Elige un síntoma de ansiedad que te haya causado problemas y escríbelo en el óvalo. Toma un par de minutos para anotar los pensamientos que lleguen a tu mente.

MAPA DE *ANSIEDAD ANGUSTIANTE*

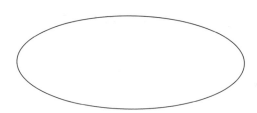

A. Describe tu tensión corporal y cómo se desarrolla.

_____

B. ¿Cómo te sientes y cómo es tu comportamiento en este estado de mente-cuerpo?

_____

C. Identifica los requisitos de tu mapa.

_____

_____

_____

_____

La conmoción de tu Sistema-I te genera angustia, ansiedad y desesperación, y te hace sentir que cualquiera, en tus zapatos, se sentiría igual. Ahora considera, _¿no basta con sentir ansiedad? ¿Por qué tengo que permitir que mi Sistema-I me provoque un colapso y limite mi capacidad para responder a ella y recuperarme?_ Recuerda que no puedes elegir lo que la vida coloca en tu camino. Puedes elegir desactivar tus requisitos, reducir tus síntomas de ansiedad y dejar de sentirte ansioso.

2. Completa este mapa con tus prácticas de puente de conciencia. Escribe el mismo síntoma de ansiedad en el óvalo. Antes de empezar escucha los sonidos del fondo, siente la presión de tu cuerpo sobre el asiento, tus pies en el piso y la pluma en tu mano. Tómate tu tiempo. Una vez que tu cuerpo se relaje, siente la pluma en tu mano y empieza a escribir. Observa cómo el papel absorbe la tinta y escucha los sonidos de fondo. Durante los siguientes minutos anota los pensamientos que te lleguen a la mente.

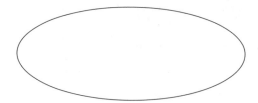

A. ¿Cuáles son las diferencias entre los estados de mente-cuerpo de cada mapa?_____

_____

B. ¿Puedes ver que la causa de tu angustia no son tus síntomas, sino tu Sistema-I activo?   Sí _____   No _____

C. ¿Cuáles son las herramientas para reducir la ansiedad que usarás en tiempo real para permanecer en modo ejecutivo mientras respondes a tus síntomas?

_____

Ahora tienes la experiencia para decir que la causa de que te sientas ansioso y tu miseria no es tu trastorno de ansiedad sino tu Sistema-I activo, que además te impide vivir tu yo poderoso. Este mapa también demuestra que hacer las prácticas de puente de conciencia todos los días es fortalecedor. En el momento que sientas tensión corporal usa tus prácticas de puente de conciencia para crear el espacio emocional que necesitas, que desactive tus requisitos y responda a tus problemas personales, así como a las situaciones difíciles que se te presenten en el día.

MI MUNDO PERFECTO: ¿POSIBLE O IMPOSIBLE?

Haz un mapa de «Cómo sería mi mundo si se cumplieran mis requisitos». Durante los siguientes minutos distribuye tus pensamientos alrededor del óvalo. Trata de escribir ideas específicas (por ejemplo, *mi pareja siempre me cuidaría, mis amigos entenderían mejor mi condición, no me preocuparía tanto*).

> MAPA CON PMC DE *CÓMO SERÍA MI MUNDO SI SE CUMPLIERAN MIS REQUISITOS*

CÓMO SERÍA MI MUNDO
SI SE CUMPLIERAN
MIS REQUISITOS

¿Qué percibes cuando revisas tu mapa?

_____

_____

_____

Si tú, tu pareja, tu jefe, tus amistades y vecinos cumplieran con todos tus requisitos, tu Sistema-I siempre crearía nuevas reglas mentales sobre cómo deberías ser y cómo debería ser el mundo en todo momento. Desactivar tus requisitos es una habilidad que te ayuda a mantener al Sistema-I en silencio y mantiene a tu yo poderoso con el control sin que te sientas ansioso.

RECONOCE Y DESACTIVA TUS REQUISITOS PARA PODER PREVENIR LA ANSIEDAD

En el momento en que sientes angustia o ansiedad, o que el mundo te supera, es porque tienes un requisito que aún desconoces. Los siguientes pasos te ayudarán a reconocerlos y desactivarlos:

1. Procura sentir las primeras señales de actividad en tu Sistema-I (por ejemplo, la tensión corporal específica seguida del depresor, el reparador y las actividades de las historias que te hacen sentir ansioso). Permite que estos indicadores te conduzcan a buscar el requisito oculto que está debajo de la superficie.

2. Practica el reconocimiento y la desactivación de los requisitos que se presentan en situaciones sencillas (por ejemplo, cuando estás de compras en una tienda a la hora en que hay pocos clientes o cuando estás haciendo una caminata breve). Cuando se vuelva más fácil, empieza a aplicar ambas cosas en situaciones y relaciones más complejas.

3. Etiqueta tus pensamientos y usa tus prácticas de puente de conciencia para detener la conmoción del Sistema-I y encontrar el requisito que está oculto debajo de la superficie. Recuerda que tu requisito sobre la actividad, persona o situación —y no la actividad, persona o situación— es la causa de que te sientas ansioso y angustiado.

4. Cuando sientas que liberaste la tensión y la saturación mental que te provoca una situación (ya sea repentinamente o con el paso del tiempo), entonces habrás callado a tu Sistema-I y habrás entrado en modo ejecutivo. La agitación que antes no podías controlar disminuyó hasta convertirse en algo que puedes manejar mejor. Esto demuestra que reconociste tu requisito para esa situación. Si enfrentas esa misma situación de nuevo sin sentirte ansioso, será porque desactivaste el requisito.

Una madrastra recién casada entró en un estado de ansiedad cuando su familia y la de su esposo se combinaron y empezaron a vivir juntas. Sufrió síntomas como incomodidad en el pecho, palpitaciones, insomnio y temblores de cuerpo. Estos síntomas le impedían hacerse cargo de sus responsabilidades y terminaron por crearle conflictos con su nuevo esposo. Después de empezar las prácticas de puente mente-cuerpo, sus mapas revelaron los siguientes requisitos: *debo agradarle a mi hijastro, mi hijastro no debe irse a vivir con su madre biológica (mi esposo me culparía)*. A través de sus herramientas para reducir la ansiedad, logró desactivar sus requisitos y reducirla. Pudo cuidar a su familia mixta y tener una relación positiva con su esposo.

Describe lo que sucedió cuando, en una situación que te hizo sentir ansioso, usaste tus herramientas para reducir la ansiedad en tiempo real y reconocer tus requisitos.

Describe una situación en la cual desactivaste un requisito y pudiste prevenir la ansiedad.

Cuando logras silenciar a tu Sistema-I y desactivas tus requisitos, entras en el circuito de funcionamiento ejecutivo (figura 3.1) donde tu yo poderoso tiene el control.

REQUISITOS QUE NO
SE DESACTIVAN FÁCILMENTE

Tu Sistema-I ha estado muy ocupado tratando de definir cómo debes ser y cómo debe ser tu mundo. Algunos requisitos se desactivan fácilmente mientras otros son difíciles de cambiar. Para cambiar estos últimos, ayuda enfocarse primero en la situación (por ejemplo, *ir a la fiesta del trabajo de tu esposa*) o en el pensamiento que encendió tu requisito (por ejemplo, no debería tener que ir a la fiesta), para después descomponer esa situación o pensamiento en fragmentos más pequeños: *no debe haber lugares con mucha gente, debe haber una salida accesible, mi esposa debe permanecer cerca, no debo preocuparme tanto por conocer a sus colegas, debo ser sociable.* Cuando descubras esta serie de requisitos específicos que están asociados con la situación, usa tus herramientas para reducir la ansiedad te desactiva cada uno. Recuerda que después de reconocer un requisito, estará listo para que lo desactives en tiempo real.

A lo largo de los próximos días reconoce y desactiva aquellos requisitos que se presenten.

1. Describe las herramientas para reducir la ansiedad que más te ayudaron.

---

2. Haz una lista de los requisitos que lograste desactivar y de aquellos que no.

Requisitos que pude desactivar	Requisitos que no pude desactivar
No debo ir de compras a una tienda donde hay mucha gente. *No debo preocuparme tanto.*	*No debería tomar vuelos.* *Mi hijo debe hacer su tarea.*

Al responder a un requisito como *mi hijo debe hacer su tarea*, tu Sistema-I te haría pensar que no lo has criado bien porque no hace su tarea. Recuerda: el objetivo de las prácticas de mente-cuerpo no es lograr que la haga, sino desactivar tu requisito que dice que debe hacerla. Así pues, entras en modo ejecutivo y puedes usar tu sabiduría natural para relacionarte con tu hijo de otra manera. La figura 1.1 demuestra cómo crecerá tu capacidad para lograrlo.

3. A partir de la tabla anterior elige el requisito que más te ha costado desactivar (por ejemplo, *no debería tomar vuelos*). Escríbelo en el óvalo. A continuación anota tus pensamientos alrededor del óvalo durante un par de minutos sin editarlos. Cuando termines el mapa describe la tensión corporal que experimentas.

MAPA DE *LOS REQUISITOS QUE MÁS ME HA COSTADO DESACTIVAR*

REQUISITOS QUE
MÁS ME HA COSTADO
DESACTIVAR

A. ¿Dónde sientes tensión corporal y cómo progresa?

_____

B. ¿Cuáles son tus depresores?

_____

C. ¿Cuáles son tus reparadores?

_____

D. ¿Cuáles son tus historias?

_____

E. ¿Cuáles son tus otros requisitos?

_____

F. ¿Cómo te sientes y cómo actúas en este estado?

_____

4. Repite el mapa usando tus prácticas de puente de conciencia. Escribe el mismo requisito en el óvalo. Antes de empezar escucha los sonidos de tu entorno, siente la presión de tu cuerpo sobre la silla, tus pies en el suelo y la pluma en tu mano. Tómate tu tiempo. Una vez que logres relajarte, siente la pluma en tu mano y empieza a escribir. Observa cómo el papel absorbe la tinta y escucha los sonidos de fondo. Durante los siguientes minutos anota los pensamientos que lleguen a tu mente.

> ### MAPA CON PMC DE *LOS REQUISITOS* *QUE MÁS ME HA COSTADO DESACTIVAR*

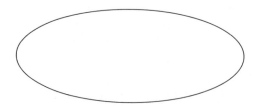

A. ¿En qué se parece o en qué varía este mapa del anterior?

_____

_____

B. ¿Cómo te sentirías y cómo te comportarías en la misma situación si tu Sistema-I estuviera en silencio?

_____

_____

La próxima vez que se presente la situación recuerda las herramientas para reducir la ansiedad que te permiten reconocer y desactivar tus requisitos.

DESPRÉNDETE DE TUS REQUISITOS

1. Haz un mapa «¿Qué pasaría si me desprendiera de todos los requisitos que tengo para el mundo?». Toma un par de minutos para escribir tus pensamientos alrededor del óvalo.

> MAPA DE ¿QUÉ PASARÍA SI ME DESPRENDIERA DE TODOS LOS REQUISITOS QUE TENGO PARA EL MUNDO?

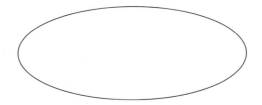

A. ¿La conmoción de tu Sistema-I te hace sentir ansiedad y debilidad, así como creer que perderás el control de tu vida?

Sí _____   No _____

B. Escribe los niveles de tensión que experimentas junto a cada elemento del mapa, con ø, si no hay; con + si es poca; con ++ si es moderada, o con +++ si es severa. Puedes usar el mapa siguiente como referencia. A continuación haz una lista de los elementos que te producen tensión corporal e identifica sus requisitos subyacentes.

Elemento con tensión corporal	Requisito

```
┌─────────────────────────────────────────────┐
│   MAPA DE MUESTRA DE ¿QUÉ PASARÍA            │
│  SI ME DESPRENDIERA DE TODOS LOS REQUISITOS  │
│       QUE TENGO PARA EL MUNDO?               │
└─────────────────────────────────────────────┘
```

Estaré enfemo. +++

El mundo será un lugar peligroso. +++

Nunca podré hacer
nada. +++

```
        ╭───────────────────────────╮
       ╱    ¿QUÉ PASARÍA SI ME        ╲
      │  DESPRENDIERA DE TODOS         │
      │  LOS REQUISITOS QUE TENGO      │
       ╲   PARA EL MUNDO?             ╱
        ╰───────────────────────────╯
```

Las cosas serán más
fáciles. ø

La gente se aprovechará
de mí. +++

Sufriré ansiedad todo
el tiempo. +++

Elemento con tensión corporal	Requisito
El mundo sería un lugar peligroso.	El mundo debería ser un lugar seguro.
Sufriré de ansiedad todo el tiempo.	No debería sufrir ansiedad todo el tiempo.
La gente se aprovechará de mí.	La gente no debería aprovecharse de mí.

2. Repite el mapa y esta vez usa tus prácticas de puente de conciencia. Antes de empezar a escribir escucha los sonidos de fondo, siente la presión de tu cuerpo sobre la silla, tus pies en el suelo y la pluma en tu mano. Tómate tu tiempo. Una vez que logres relajarte, siente la pluma en tu mano y empieza a escribir tus pensamientos. Observa cómo el papel absorbe la tinta y escucha los sonidos de tu entorno. Anota durante un par de minutos.

> **MAPA CON PMC DE *QUÉ PASARÍA SI ME DESPRENDIERA DE TODOS LOS REQUISITOS QUE TENGO PARA EL MUNDO***

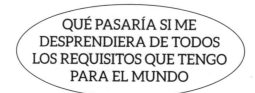

¿Cuáles son las diferencias entre ambos mapas?

_____

_____

_____

_____

    ¿Logras ver cómo los requisitos de tu Sistema-I te hacen daño y afectan a tu mundo entero? Éstos limitan tu capacidad para responder a otras personas y a las situaciones que se presentan. Al calmar a tu Sistema-I, tu yo poderoso natural puede responder a tus relaciones y situaciones de manera activa, atenta y saludable. Podrás enfrentar cada momento desde tu fuente interior de bienestar, sabiduría y con plena capacidad para sanar. Tu yo poderoso tendrá el control.

APLICA TUS HERRAMIENTAS PARA REDUCIR LA ANSIEDAD EN TU VIDA DIARIA

Amy, de 25 años, trabajaba en una compañía grande y perdió la capacidad para funcionar en su trabajo por culpa de la ansiedad. Sus viajes frecuentes al baño, como consecuencia de la diarrea, su fragilidad y sus pensamientos ansiosos descontrolados convirtieron su vida laboral en un infierno. Después de usar casi todos sus días libres por incapacidad, tomó el consejo de su médico de cabecera y buscó ayuda. Empezó a hacer las prácticas de puente mente-cuerpo. Sus prácticas de puente de conciencia la ayudaron a relajarse y pudo volver a trabajar. Por medio de mapas de sus experiencias angustiantes y de los otros mapas de seguimiento, pudo ver sus requisitos, como *nadie debe azotar la puerta y nadie debe gritar*. Cuando estas situaciones se presentaban, sus historias —*están enojados conmigo, me van a despedir, no puedo más*— alimentaban a su Sistema-I y despertaban sus síntomas. A través de sus herramientas para reducir la ansiedad, Amy logró calmar a su Sistema-I y volver a trabajar. A veces se alarma por algún ruido repentino, pero no se siente ansiosa.

Desactivar los requisitos es clave para sentirse menos ansioso. Recuerda: usar todas tus herramientas para reducir la ansiedad ayuda a desarrollar tu capacidad para aprender a apagar tu Sistema-I. Al apagar el interruptor obtienes acceso a tu yo poderoso, que funciona en el modo ejecutivo sin provocarte ansiedad.

Herramientas para reducir la ansiedad

➤ Desactiva los requisitos que tienes para otras personas y para las situaciones que se presenten.

ESCALA DE EVALUACIÓN PMC: DESACTIVA TUS REQUISITOS PARA PREVENIR LA ANSIEDAD

Fecha: _____

Después de usar las herramientas de este capítulo durante varios días, selecciona la opción de cada pregunta que mejor describa tu experiencia: casi nunca, a veces, normalmente o casi siempre.

¿Qué tan seguido...	Casi nunca	A veces	Normalmente	Casi siempre
reconoces que tus requisitos siempre despiertan a tu Sistema-I y limitan a tu yo poderoso?				
reconoces los requisitos que son responsables de tu ansiedad?				
desactivas un requisito para evitar sentirte ansioso?				
notas que los requisitos que tienes de otras personas o de las situaciones te impiden ser tu yo verdadero?				
usas tus prácticas de puente de conciencia y etiquetas tus pensamientos para interrumpir una historia?				
sientes que tu yo impotente tiene el control?				
sientes que tu yo impotente es un mito del Sistema-I?				
sientes a tu yo poderoso en modo de funcionamiento ejecutivo, mientras tu Sistema-I está apagado?				
sabes que eres auténticamente tú cuando funcionas naturalmente de un momento a otro (circuito de funcionamiento ejecutivo)?				
logras apreciar aspectos de tu vida diaria?				
sientes que estás conectado a una fuente de bienestar y sabiduría con capacidad para sanar?				
encuentras que tus relaciones han mejorado?				
funcionas mejor en tu trabajo y en tu hogar?				

Haz una lista con tres requisitos que has desactivado y que antes te hacían colapsar. ¿Cómo superaste esta situación desde el circuito de funcionamiento ejecutivo?

_____

_____

_____

CAPÍTULO 6

CONSTRUYE RELACIONES LIBRES DE ANSIEDAD

Descubre, siente y aplica

Descubre cómo el Sistema-I te impide tener relaciones que no te hacen sentir ansioso.

Siente cómo tus relaciones mejoran cuando desactivas tus requisitos.

Aplica tus herramientas para reducir la ansiedad en tu vida diaria.

RELACIONES, ANSIEDAD Y TU SISTEMA-I

Los requisitos de tu Sistema-I te pueden llevar a relaciones en las que no debes estar, así como marginarte de aquellas que son buenas para ti, y, lo más importante, pueden provocar que tus relaciones actuales te hagan sentir ansioso.

Sharri sentía ansiedad cada vez que llegaba a casa porque temía volver a pelear con su esposo. Cuando él llegaba a casa primero, ella se quedaba en el auto durante horas posponiendo el momento de entrar. Cuando por fin entraba, se metía rápidamente en la recámara y se aislaba para evitar cualquier conflicto.

Ella respondió con rapidez a las prácticas de puente mente-cuerpo porque reconoció que su Sistema-I estaba detrás de sus síntomas de ansiedad. Cuando logró silenciarlo, su mente y su cuerpo empezaron a tranquilizarse. Su mapa «Cómo sería mi mundo si se cumplieran mis requisitos para los demás» le ayudó a reconocer sus requisitos: *Sam siempre debería estar contento de verme*, *Sam debería darme tiempo para relajarme cuando llego a casa*, *Sam no debería hablarme bruscamente* y *Sam debe apoyarme siempre, a pesar de todo*. Después de completar el mapa tuvo una revelación. Descubrió que no era el comportamiento de Sam lo que la hacía sentirse ansiosa; eran los requisitos de su Sistema-I que le decían cómo debía ser él. Vio que sus pensamientos ansiosos y su forma de evitar a Sam se debían a que anticipaba cómo se sentiría cuando él no cumpliera con la imagen idealizada que había creado su Sistema-I. Éste la había convencido que ella era tan impotente que sólo podía dejar de sentirse ansiosa cuando Sam fuera perfecto. Ahora, cada vez que Sam no le sonríe o no la saluda, se decepciona, pero ya no se siente devastada. Sobra decir que ambos están contentos con los cambios positivos en su relación.

Los requisitos que te impones te producen angustia interna constantemente, afectan a tu autoestima e interfieren con tus relaciones interpersonales. Sabes que el hecho de que otros no te acepten como eres puede ser muy doloroso. ¿Pero qué ocurre con el dolor que te provocas cuando tú tampoco te aceptas? ¿Te imaginas lo confortante que sería que tu crítico interno se quedara en silencio y permitiera que tu yo poderoso ocupe el puesto del conductor? Cuando desactivas las persistentes demandas que has creado para ti (requisitos autoimpuestos), te sientes menos ansioso y fortaleces los cimientos de tus relaciones. El verdadero factor de estrés que está causando la ansiedad en tus relaciones no eres tú y tampoco es la otra persona, es tu Sistema-I activo. Al activarse por culpa de un requisito (*yo debería...*), tu depresor derrumba tu autoestima, te hace sentir como una persona pequeña, débil, vulnerable e inadecuada. Tu reparador impulsa tus comportamientos de ansiedad con preocupaciones y pensamientos interminables y excesivamente activos que te dicen cómo debes repararte y cómo reparar el mundo. Tu cuerpo está estresado y tus pensamientos están cargados de ansiedad. Esto interfiere con tu autoestima y te impide desarrollar relaciones sanas. Al estar tu Sistema-I en silencio puedes ver claramente que tus pensamientos perturbadores son sólo pensamientos, y mientras tu cuerpo está tranquilo y conoces la verdad —eres una persona entera y completa. Ésta es la base para que puedas establecer toda clase de relaciones sin sentirte ansioso.

Es vital recordar que desactivar requisitos como *no debe ser tan exigente, mi esposa no debe hablar con otros hombres* y *nadie debe interesarse en mi pareja*, no significa que debes dejar de esperar que tú y tu pareja se comporten de manera aceptable. Lo que sí quiere decir es que cuando tu pareja se comporte de una manera que antes te hacía sentir ansioso (por tu requisito), tu yo poderoso natural ahora responderá a la situación de manera apropiada. Si no los desactivas, tu capacidad para responder continuará en manos de tu Sistema-I activo.

MANTENER EL PASADO EN EL PASADO

La ansiedad tiene sus raíces en el pasado. Las prácticas de mente-cuerpo no tratan de descubrir o entender este último; te ofrecen las herramientas para que dejes de sentirte ansioso y mantengas el pasado en el pasado.

1. Haz un mapa de «¿Por qué soy como soy?». Alrededor del óvalo escribe cómo llegaste a ser como eres. Hazlo durante un par de minutos. Al final habrá un mapa de muestra.

MAPA DE ¿POR QUÉ SOY COMO SOY?

¿POR QUÉ SOY COMO SOY?

A. ¿Cómo es tu tensión corporal?

_____

B. ¿Cuáles son los temas de las historias que aparecen en tu mapa?

_____

_____

C. Describe cuándo y qué tan seguido usas estas historias; por ejemplo, cuando sientes ansiedad o calma; felicidad o tristeza, durante momentos de aburrimiento o momentos ocupados.

_____

D. ¿Cómo te sientes y cómo te comportas cuando las historias anteriores están activas?

_____

El Sistema-I usa historias —negativas y positivas, sobre el pasado y el futuro— para impedirte vivir en el presente. No importa cuál sea el tema, éstas tensan tu cuerpo, limitan tu conciencia y te impiden cuidarte y cumplir con tus responsabilidades. Alejan a tu mente y cuerpo del momento presente y te permiten que dejes de sentirte ansioso. Estar consciente de ellas ayuda a silenciar a tu Sistema-I y te coloca en el circuito de funcionamiento ejecutivo, donde los pensamientos del pasado son simples pensamientos, sin el calor o el mareo del Sistema-I.

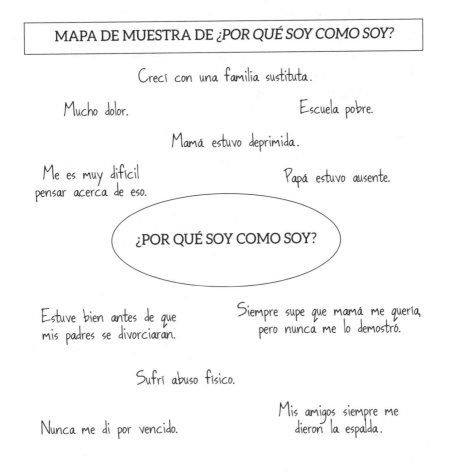

MAPA DE MUESTRA DE _¿POR QUÉ SOY COMO SOY?_

Crecí con una familia sustituta.

Mucho dolor.   Escuela pobre.

Mamá estuvo deprimida.

Me es muy difícil   Papá estuvo ausente.
pensar acerca de eso.

¿POR QUÉ SOY COMO SOY?

Estuve bien antes de que   Siempre supe que mamá me quería,
mis padres se divorciaran.   pero nunca me lo demostró.

Sufrí abuso físico.

                        Mis amigos siempre me
Nunca me di por vencido.   dieron la espalda.

A. ¿Cómo es tu tensión corporal? *Cuando pienso en mi pasado doloroso, mi corazón empieza a latir más rápido y me siento ansioso.*

B. ¿Cuáles son los temas de las historias que aparecen en tu mapa? *Fui una víctima.*

C. Describe cuándo y qué tan seguido usas estas historias. *Cuando las cosas no van bien.*

D. ¿Cómo te sientes y cómo es tu comportamiento cuando las historias anteriores están activas? *Siento irritación y enojo y me desquito con la gente.*

2. Haz otro mapa de «¿Por qué soy como soy?», pero esta vez usa tus prácticas de puente de conciencia. Antes de escribir escucha los sonidos de tu entorno, siente la presión de tu cuerpo sobre tu silla, tus pies en el suelo y la pluma en tu mano. Una vez que te hayas relajado, apunta alrededor del óvalo los pensamientos que aparezcan en tu mente. No dejes de escuchar los sonidos del fondo ni de sentir la pluma en tu mano. Observa cómo el papel absorbe la tinta. Anota durante un par de minutos.

A. ¿Cómo varía este mapa en comparación con el primero de «¿Por qué soy como soy?»?

_____

_____

_____

B. ¿Qué perspectivas has obtenido después de hacer este mapa con prácticas de puente de conciencia?

_____

_____

_____

Cuando de manera continua haces mapas como éste, tu pasado permanece en el pasado.

QUÉ TE IMPIDE SANAR TU ANSIEDAD

La frase «estar en el momento» se ha convertido en un tema popular de superación personal y para mejorar tus relaciones. Pero el problema no es estar en el momento, porque nunca ha habido un ser humano que no esté ahí. Sólo puedes respirar ahora; sólo puedes actuar ahora. Tu corazón no puede bombear la sangre de ayer o la de mañana, sólo puede latir aquí, ahora. Es imposible no vivir en el momento presente. El problema es que el Sistema-I, cuando lo activan los requisitos, te mantiene ansioso y no te permite experimentar, aquí y ahora, la capacidad para sanar que tienes por naturaleza. Veamos cómo funciona.

Haz un mapa de «Cómo quiero ser, aquí y ahora». En el interior del círculo escribe qué tipo de persona te gustaría ser aquí y ahora (por ejemplo, *organizada, fuerte, tranquila, segura, atractiva*). ¡Cuanto más específicas sean tus ideas, mejor! Después de enumerar al menos seis cualidades, escribe el opuesto de cada una en el exterior del círculo. Con una línea conecta la cualidad interior del círculo con su opuesto exterior. Si es necesario, apóyate en el mapa de la siguiente página.

MAPA DE *CÓMO QUIERO SER AQUÍ Y AHORA*

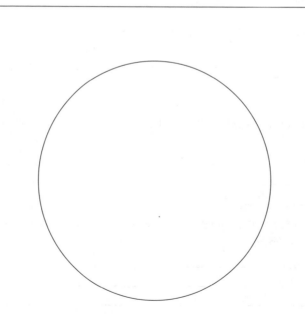

MAPA DE MUESTRA DE *CÓMO QUIERO SER AQUÍ Y AHORA*

1. ¿Cómo te hacen sentir las cualidades del interior del círculo?

_____

_____

2. ¿Cómo te hacen sentir las cualidades del exterior del círculo?

_____

_____

Si las cualidades del *exterior* del círculo te generan tensión y emociones negativas, es porque son detonantes. Recuerda: un detonante (un pensamiento o evento) señala que un requisito ha activado a tu Sistema-I. Esto significa que aquellas cualidades opuestas (sobre cómo quisieras ser) en el *interior* del círculo son los requisitos que tu Sistema-I ha creado para ti. Una vez que tu propio requisito ha sido desactivado, el detonante ya no enciende tu Sistema-I.

Detonante	Requisito
Ser desorganizado	*No debo ser desorganizado*

3. A partir de tu mapa escribe una lista de tus detonantes y requisitos que te dicen cómo «debes» ser:

Cuando tu Sistema-I se apodera de tu expectativa natural, ésta se convierte en un requisito (una imagen ideal de quién deberías ser). Lo anterior te produce saturación mental y tensión corporal y te mantiene ansioso. Tu autoestima sufre daños y tus relaciones se llenan de ansiedad. Reconocer y desactivar los requisitos que te has creado y dictan cómo debes interactuar con otros es la clave para sanarla y mejorar tus relaciones.

ESPEJITO, ESPEJITO

¿Sabías que tener una mala imagen propia mantiene activa tu ansiedad y afecta tus relaciones?

1. Hagamos un mapa «Espejo». Encuentra un lugar tranquilo y mírate al espejo. Antes de empezar a escribir revísate con mucho detalle durante un minuto, más o menos. Después anota en el óvalo los pensamientos y sentimientos que te causa tu imagen. Evita censurarte. Levanta la mirada hacia el espejo varias veces y escribe lo que llegue a tu mente. Al final del mapa describe tu tensión corporal.

MAPA DE *ESPEJO*

Tensión corporal: _____

A. ¿Tu Sistema-I está activo?   Sí _____   No _____

B. ¿Cuáles son tus historias?

_____

_____

C. ¿Tu depresor te hace sentir que tu rostro es un enemigo, que te hace sentir inaceptable?   Sí _____   No _____

D. ¿Cuáles son tus requisitos?

_____

_____

E. ¿Cómo te sientes y cómo te comportas cuando no te aceptas?

_____

_____

2. Haz otro mapa «Espejo», esta vez con tus prácticas de puente de conciencia. Antes de empezar a escribir escucha los sonidos de tu entorno, siente la presión de tu cuerpo en la silla, tus pies sobre el piso y la pluma en tu mano. Ahora mírate en el espejo, pero no dejes de escuchar los sonidos de tu entorno. Tómate tu tiempo. Después de que logres relajarte apunta, alrededor del óvalo, los pensamientos que vengan a tu mente. No dejes de escuchar el fondo y sentir la pluma en tu mano. Observa cómo el papel absorbe la tinta. Escribe durante un par de minutos.

ESPEJO

A. ¿Cómo varía este mapa de tu primer mapa «Espejo»?

_____

_____

B. ¿Cambiaron los rasgos faciales que observaste en el espejo?
      Sí _____   No _____

C. ¿Ahora te aceptas más?   Sí _____   No _____

D. ¿Cómo te comportas cuando te aceptas?

_____

Cada mañana y cada noche obsérvate en el espejo con atención. Permite que tus pensamientos fluyan libremente y siente la tensión en tu cuerpo. Busca las señales que revelan actividad en tu Sistema-I. Siente tu depresor, tu reparador y, más importante, tus propios requisitos. Cuando usas tus prácticas de puente de conciencia, los cimientos de tu persona se estabilizan y tus emociones se equilibran. Con el tiempo observa cómo mejora tu imagen propia sin que sientas la necesidad de repararte. Este cambio en tu aceptación de quién eres, que acompaña al uso continuo de tus herramientas para reducir la ansiedad, es la base firme para tener relaciones libres en las que no te sientas ansioso.

HERRAMIENTAS PARA REDUCIR LA ANSIEDAD Y MEJORAR TU IMAGEN PROPIA

- *Etiquetar pensamientos*: cuando aparezca un pensamiento negativo en tu mente, recuerda: un pensamiento es sólo un pensamiento. Etiquétalos como pensamientos y vuelve a tus actividades. Por ejemplo, si tu pensamiento es *nunca seré suficientemente bueno*, puedes decir hacia adentro: *estoy pensando «nunca seré suficientemente bueno», y es sólo un pensamiento.*

- *Prácticas de puente de conciencia*: cuando escuches tu diálogo interno negativo y sientas tensión corporal en tu vida, entiéndelo como una indicación de tu Sistema-I encendido. Sintoniza tus sentidos antes de volver a lo que estabas haciendo.

- *Reconoce tus historias*: en el momento que te encuentres repasando historias sobre las cosas negativas que te han sucedido, reconócelas como historias, y vuelve a tus actividades. Reconoce que lo que mantiene tu ansiedad son tus historias y no el pasado. No eres víctima de este último. Recuerda: lo que te hace sentir mal no son tus pensamientos negativos, y tus pensamientos positivos no son lo que te hace sentir mejor; tus historias (verdaderas o falsas, positivas o negativas) crean saturación mental y llenan de tensión a cada una de tus células, de tal manera que la danza depresor-reparador se mantiene activa. Cuando el sistema se sustenta en tus historias, te aparta del funcionamiento en el momento presente y te fija en esa etapa para la ansiedad.

- *Mapas*: Usa los mapas mente-cuerpo de dos partes. El primero te ayuda a encontrar los requisitos que refuerzan tus pensamientos negativos sobre tu propia persona. Sentir tu tensión corporal es lo que te ayuda a encontrarlos. Usa tus prácticas de puente de conciencia en el segundo mapa para revelar la verdad sobre estos pensamientos negativos y volver al funcionamiento ejecutivo.

- *Mapas «Espejo»*: Hacer un mapa «Espejo» (el de dos partes más reciente) aumenta tu autoestima. Después de sentir que tu Sistema-I se ha calmado y un aumento en tu autoestima, haz un mapa «Espejo» de cuerpo completo.

- *Desactivar tus requisitos*: Cuando sientas tensión corporal y escuches tu diálogo interno negativo, tranquiliza a tu Sistema-I y entonces encuentra tu requisito. Por ejemplo, si el diálogo interno negativo dice *soy inútil*, el requisito es *no debo ser inútil*. Si surge una situación y tienes un pensamiento que te hace sentir inútil, así como señales de tensión corporal, entonces tu Sistema-I ha sido activado por ese requisito y ha afectado tu habilidad para superar la situación. Para desactivarlo, reconoce que lo que te causa angustia no es la situación ni tus pensamientos negativos, sino tu requisito. Una vez que te sientas liberado de tensión corporal y saturación mental (ya sea con el tiempo o repentinamente), podrás saber que has desactivado tu requisito. Tu yo poderoso vuelve a tener el control.

Liz, de 21 años, tuvo problemas de autoestima durante el bachillerato y la universidad. Detestaba mirarse al espejo e incluso intentó mejorar su autoestima usando el método que consiste en no mirarse al espejo durante tres meses. Una amiga la invitó a un grupo de prácticas de puente mente-cuerpo para mujeres. Después de usar las herramientas introductorias para reducir la ansiedad intentó los mapas «Espejo». Pasaron dos semanas y le dijo a su grupo que cuando hizo la segunda parte del mapa de cuerpo completo la experiencia fue increíble. «Dios me ama, soy aceptable y la gente puede quererme».

LEVANTAR TU IMAGEN PROPIA REDUCE LA ANSIEDAD Y MEJORA TUS RELACIONES

Usa tus herramientas para reducir la ansiedad hoy para evitar que tu imagen negativa y tu diálogo interno afecten tu estado de ánimo y te hagan sentir ansioso. Al terminar, llena la siguiente tabla.

Imagen propia negativa	Tensión corporal	Herramientas para reducir la ansiedad usadas y forma en que fueron usadas	Sensaciones corporales	Cómo cambió tu comportamiento después de usar tus herramientas
No preparo bien a los niños para la escuela.	Presión en el pecho, falta de aliento.	Etiqueté mis pensamientos. Escuché el zumbido del aire acondicionado.	Pecho y respiración relajados.	Sentí menos depresión. Hoy logré terminar muchas cosas en el trabajo.
Es imposible que alguien me quiera.	Dolores en el vientre.	De inmediato reconocí el pensamiento «la gente debe quererme» como un requisito.	Calma.	«Se encendió una luz», el día estuvo tranquilo y no estuve ni a la defensiva ni de mal humor.

Los requisitos de tu Sistema-I que te dicen «cómo debes ser» dañan tu imagen propia. Te impiden que creas y tengas confianza en quién eres, aquí y ahora. Recuerda que nunca serás una persona suficientemente inteligente, atractiva o tranquila para satisfacer un requisito. Cuando éste no ha sido satisfecho, tu Sistema-I se enciende con pensamientos negativos y tensión corporal. Esto afecta no sólo a la manera en que te sientes contigo mismo, sino también a la forma en que actúas en tus relaciones. No importa quién seas o lo que te haya sucedido en la vida, tus herramientas de mente-cuerpo para reducir la ansiedad pueden fortalecer tu imagen propia, hacer que no te sientas ansioso y mejorar tus relaciones.

TUS PROPIOS REQUISITOS TE IMPIDEN SANAR TU ANSIEDAD

1. Haz una lista de tres situaciones de los últimos días donde tus propios requisitos —por ejemplo, *cuando mi jefe me hace una pregunta, debo conocer la respuesta; debo llegar a tiempo; no debo estar a solas; no debo cometer errores—* activaron tu Sistema-I.

Situación	Requisitos propios
Mi jefe me hizo una pregunta durante nuestra reunión de la mañana.	*Cuando mi jefe me hace una pregunta, debo conocer la respuesta.*

2. Llena la siguiente tabla a partir de lo que escribiste en la tabla anterior.

Progresión de tu tensión corporal cuando tu requisito ha sido satisfecho	Progresión de tu tensión corporal cuando tu requisito *no* ha sido satisfecho
Presión en el estómago, pies inquietos, apretar el brazo de la silla.	*Rostro caliente, boca seca, presión creciente en el pecho.*

3. Llena la siguiente tabla para cada requisito de la tabla anterior.

Historias cuando tu requisito ha sido satisfecho	Historias cuando tu requisito *no* ha sido satisfecho
¡Qué alivio!, se terminó, ¿qué ocurrirá la próxima vez?, siempre es lo mismo.	*Nunca tendré todas las respuestas, soy una persona estúpida, puedo perder mi trabajo.*

4. Llena la siguiente tabla utilizando los mismos requisitos.

Tu comportamiento cuando tu requisito ha sido satisfecho	Tu comportamiento cuando tu requisito *no* ha sido satisfecho
Sentí alivio, pero me preocupa que vuelva a suceder.	*Sentí ansiedad y depresión todo el día, cometí errores.*

El Sistema-I te pone contra la pared. Cuando tus propios requisitos no han sido satisfechos, tu depresor asume el control y te deja ansioso y sin poder. Incluso si logras satisfacer tus requisitos, el reparador toma el control y nada es suficiente. Sigues sintiéndote ansioso. No es cuestión de satisfacer o no tus requisitos, sino de desactivarlos. Una vez que han sido desactivados, tu yo poderoso adquiere el control y tú tomas la medida correcta en cada momento.

5. A través de tus prácticas de puente de conciencia, escucha los ruidos de fondo, siente la presión de tu cuerpo sobre el asiento, tus pies en el suelo y la pluma en tu mano. Una vez que te hayas relajado, etiqueta tus pensamientos y repasa cada requisito que mencionaste en la primera tabla de este ejercicio. ¿Qué ha sucedido con cada uno después de hacer tus prácticas mente-cuerpo?

Primer requisito:

_____

_____

_____

Segundo requisito:

_____

_____

_____

Tercer requisito:

_____

_____

_____

TUS RELACIONES DE TODOS LOS DÍAS

Ahora que sabes que para tu autoestima y bienestar es crítico tener un Sistema-I en silencio, es el momento de abordar tus relaciones. Todos tenemos esperanzas y deseos naturales para nosotros y para los demás (ser alguien respetuoso, confiable, honesto, que ayuda y apoya). Cada uno de nosotros las usa como guía en nuestras interacciones con otras personas. Una vez que el Sistema-I se apodera de estas expectativas y las convierte en requisitos, afecta nuestras relaciones, cierra la posibilidad de nuestro funcionamiento ejecutivo natural y limita nuestra capacidad para relacionarnos con otras personas.

Veamos lo que sucede cuando tus propias expectativas naturales se convierten en requisitos, y examinemos cómo afectan a tus relaciones y reducen tu autoestima. Este ejercicio trata tus propios requisitos en tus relaciones con colegas, familiares políticos, vecinos, empleados de tiendas y demás (por ejemplo, *no debo sentirme ansioso cuando soy anfitrión de la cena del vecindario, debo llevarme bien con todos mis compañeros, mi suegra debe agradarme*).

1. Mi relación con _____

A. ¿Cuáles son tus expectativas naturales para ti en esta relación? Ejemplo: *debo imponer mayores límites con mi amigo.*

_____

B. ¿Cómo te sientes, cómo es tu comportamiento y cómo es tu tensión corporal cuando no cumples tus expectativas? Ejemplo: *me siento ansioso y me preocupo por la relación.*

_____

C. ¿Cuáles son tus requisitos para esta relación?

_____

_____

D. Describe cómo tus herramientas para reducir la ansiedad desactivan tus requisitos y cambian esta relación.

_____

_____

2. Haz una lista de las expectativas que tienes para ti dentro de las relaciones cotidianas; procura describirlas con precisión. Señala si han sido convertidas en requisitos.

Expectativa natural	Tensión corporal si no se cumple la expectativa	¿Se ha convertido en requisito?
Quiero ser buen amigo o amiga.	Nudo en el estómago, tensión en los hombros.	Sí.
Ser cortés con el empleado de la tienda.	No.	No.

Cuando tu requisito no se cumple, te angustias y tu Sistema-I genera saturación mental y tensión corporal. Reconócelos y usa tus herramientas para reducir la ansiedad y desactivarlos. Al no cumplirse tu expectativa natural puedes sentir decepción; sin embargo, puedes responder a la situación sin sentirte preocupado ni ansioso.

TU RELACIÓN MÁS IMPORTANTE

1. Haz un mapa de cómo esperas ser dentro de tu relación más importante. Escribe el nombre de la persona en el óvalo. Alrededor de éste escribe tus pensamientos sobre cómo debes ser en esa relación (por ejemplo, *debo ser una persona atractiva, no debo molestar a mi pareja cuando está cansado o cansada, debo hacerlo(a) feliz*). No hay respuestas correctas ni equivocadas. Escribe tus ideas con precisión y trabaja rápidamente durante los siguientes minutos.

> ### MAPA DE *CÓMO DEBERÍA SER MI*
> ### *RELACIÓN MÁS IMPORTANTE*

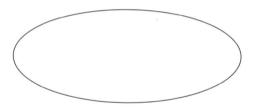

Observa cada elemento y siente si tienes tensión corporal cuando piensas en cumplir con tu expectativa de cómo debes ser dentro de esa relación. Observa de nuevo cada elemento y siente si tienes tensión corporal cuando piensas en *no* cumplir con esa expectativa. Los pensamientos que llegan con tensión corporal son tus requisitos.

Por cada elemento con tensión corporal, describe cómo es tu comportamiento cuando no cumples con ese requisito.

_____

_____

_____

_____

2. Repite el mapa y escribe el nombre de la persona en el óvalo. Antes de hacerlo, escucha los sonidos de tu entorno, siente la presión de tu cuerpo sobre tu silla, tus pies en el suelo y la pluma en tu mano. Tómate tu tiempo. Una vez que logres relajarte, no dejes de sentir la pluma en tu mano y empieza a escribir cualquier pensamiento que te llegue sobre esa relación. Mientras lo haces, sigue poniendo atención en los ruidos de fondo, sintiendo la pluma en tu mano y observando cómo el papel absorbe la tinta. Escribe durante un par de minutos.

> **MAPA DE *CÓMO DEBERÍA ACTUAR LA PERSONA MÁS IMPORTANTE DE MI VIDA***

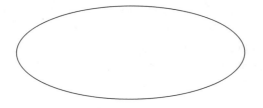

A. ¿En este estado de mente-cuerpo, cómo es tu comportamiento?

_____

_____

B. ¿Cómo te puede ayudar este mapa en tu relación?

_____

_____

La liberación de tensión corporal significa que te has desplazado del circuito del Sistema-I al de funcionamiento ejecutivo (observa la figura 3.1), donde tu yo poderoso actúa de manera natural. Todavía tienes pensamientos o expectativas naturales sobre tu forma de ser dentro de una relación, pero esta liberación de tensión te libera para que puedas ser de una manera diferente.

Cuando te desprendes de tus requisitos, tu Sistema-I activo se apaga y tu capacidad para relacionarte con otros cambia para siempre.

TRANSFORMA TU RELACIÓN MÁS IMPORTANTE

Acabas de crear los cimientos para tu relación mediante la desactivación de los requisitos que tienes para ti. Ahora es el momento de enfocarte en los requisitos que tienes para la persona que más te importa.

1. Haz un mapa de cómo piensas que se debe comportar la persona que más te importa. Escribe el nombre de él o ella en el óvalo. Alrededor de éste anota tus pensamientos sobre cómo quieres que sea el comportamiento de esa persona. Escribe durante un par de minutos.

CÓMO DEBERÍA ACTUAR

_____

Revisa los elementos del mapa y etiqueta tus requisitos con una «R». Al terminar, escribe debajo de cada uno las historias («H») que se presentan cuando la otra persona no cumple con ese requisito. Debajo de cada pensamiento describe la tensión corporal («TC») que sientes cuando él o ella no cumple con tu requisito. Tómate tu tiempo para hacer este mapa. Puedes apoyarte en el mapa de muestra que está a continuación.

MAPA DE MUESTRA DE *CÓMO DEBERÍA ACTUAR LA PERSONA MÁS IMPORTANTE DE MI VIDA*

R) Él debe ayudar más en la casa.

H) Yo hago todo el trabajo y se necesita mucho para tener la casa perfecta, y él sabe cuán necesario es tener una casa limpia.

TC) Presión en el pecho.

R) Él debe llevarme a comer más seguido.

H) Él se avergüenza de mí.

TC) Dolor en el pecho.

CÓMO DEBERÍA ACTUAR

R) Ella debe respetar cuánto trabajo.

H) Ya tengo suficiente. Odio el conflicto y siempre pierdo.

TC) Presión en los hombros.

R) Él debe demostrarme lo atractiva que soy.

H) Lo sorprendí mirando a otra en el bar.

TC) Dolor de estómago.

R: Requisito
H: Historia
TC: Tensión corporal

A. Llena la siguiente tabla para cada elemento del mapa.

Requisito	¿Cómo te sientes y cómo te comportas cuando la persona que te importa no cumple con tu requisito?	¿Cómo afecta tu relación?
Él debe respetar mis esfuerzos.	*Me hace distanciarme, me preocupo porque no soy suficientemente buena(o) para él (ella), voy al bar con una amiga.*	*Crea distancia y sentimientos de culpa.*

B. Ahora usa tus prácticas de puente de conciencia y etiqueta tus pensamientos; una vez que logres relajarte, repasa los requisitos para tu relación que colocaste en la tabla anterior y llena la siguiente.

Requisito	¿Cómo te sientes y te comportas cuando la persona que te importa no cumple con tu requisito?	¿Cómo afecta tu relación?
Él (ella) debe respetar mis esfuerzos.	*Decepcionada(o), pero puedo hablar con él (ella).*	*Nos ayuda a acercarnos.*

Cuando te liberas de la tensión corporal, se hace evidente que serás capaz de desactivar tu requisito si la situación se vuelve a presentar.

2. Escribe el nombre de la persona del mapa anterior en el óvalo que está a continuación. Elige el requisito que todavía te angustia cuando no se cumple (por ejemplo, *él debe respetar mis esfuerzos*) y escríbelo en la línea. Ahora anota tus pensamientos alrededor del óvalo durante un par de minutos; describe cómo sería esa persona sí cumpliera con ese requisito. Hazlo con un alto nivel de detalle. Por ejemplo, si el requisito es *él debe respetar mis esfuerzos*, tal vez escribirías *no sería tan crítico, no me hablaría bruscamente o me diría cuánto me quiere.*

> ### MAPA DE *CÓMO SERÍA SI*
> ### *CUMPLIERA MIS REQUISITOS*

El requisito que más me angustia es: _____

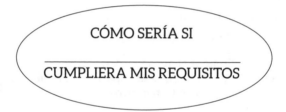

CÓMO SERÍA SI
_____
CUMPLIERA MIS REQUISITOS

A. ¿Realmente crees que sucederá?   Sí _____   No _____

B. ¿Reconoces que el Sistema-I activo provocará que sigas creando nuevos requisitos para ti y tu relación?   Sí _____   No _____

Muchas personas sonríen mientras hacen este mapa, porque logran ver con claridad cómo funciona el Sistema-I. Ven que si desactivan sus requisitos, logran hacer que se respeten sus límites personales y sus derechos básicos desde una posición de fortaleza y sin sentirse ansiosos.

¿QUIÉN TE SIGUE CAUSANDO ANSIEDAD?

Las prácticas de puente mente-cuerpo no están para descubrir cómo debes relacionarte con otros; *son* para descubrir cómo el Sistema-I te restringe a ti y a tus relaciones.

1. Haz un mapa de requisitos para alguien que todavía te genere ansiedad. En el óvalo, escribe el nombre de la persona que más logra desconcertarte. Alrededor de éste anota tus expectativas sobre el comportamiento de esa persona. Escribe durante un par de minutos.

MAPA DE LA PERSONA QUE ME CREA ANSIEDAD

MIS EXPECTATIVAS PARA

_____

A. Ahora, debajo de cada elemento del mapa haz una lista de la tensión que sientes cuando la otra persona *no* cumple con esa expectativa. Esos elementos son tus requisitos.

B. Describe la influencia del reparador y el depresor en esta relación.

_____

_____

C. ¿Cuáles son tus historias? _____

_____

D. ¿Cómo te sientes y cuál es tu comportamiento en este estado de mente-cuerpo?

_____

_____

2. Repite el mapa, ahora con tus prácticas de puente de conciencia. Escribe el mismo nombre en el óvalo. Antes de hacerlo escucha los sonidos de fondo, siente la presión de tu cuerpo sobre la silla, tus pies en el suelo y la pluma en tu mano. Tómate tu tiempo. Una vez que logres relajarte, no dejes de sentir la pluma en tu mano y empieza a escribir los pensamientos que te vengan a la mente sobre cómo debe comportarse esa persona. Observa cómo el papel absorbe la tinta y sigue escuchando los sonidos de tu entorno. Escribe durante un par de minutos.

MAPA CON PMC DE
LA PERSONA QUE ME CREA ANSIEDAD

MIS EXPECTATIVAS PARA

_____

A. ¿En qué difiere este mapa del anterior?

_____

B. ¿Cuáles son tus sensaciones corporales cuando te imaginas que esa persona no hace lo que escribiste en este mapa? La ausencia de tensión corporal significa que el elemento en cuestión no es un requisito sino una expectativa natural.

C. ¿Cómo te sientes y cuál es tu comportamiento en este estado de mente-cuerpo?

D. Cuando tu Sistema-I está apagado, tus objetivos y expectativas naturales no se convierten en requisitos impulsados por la presión. Revisa el mapa anterior y aplica tus herramientas para reducir la ansiedad los requisitos que todavía tienes para esa persona. Haz este mapa tan seguido como sea necesario.

Al reconocer y desactivar los requisitos que tienes para ti mismo y para otros, tu yo poderoso, con su amplia gama de experiencias, emociones y regalos, entra en cada relación. No existe un manual de instrucciones para mantener relaciones en las que no te sientas ansioso, sólo la regla de oro: un Sistema-I desactivado.

APLICA LAS HERRAMIENTAS EN TU VIDA DIARIA

Cuando desactivas tus requisitos, apagas tu Sistema-I y adquieres el poder para construir los cimientos de tus relaciones sin que influya la ansiedad. Ahora puedes acceder a tu yo poderoso desde el modo ejecutivo, que actúa de manera sana y apropiada.

Herramientas para desactivar tus requisitos

1. Reconoce las primeras señales que indican que tu Sistema-I ha sido encendido (tensión corporal, pensamientos ansiosos o autocríticos, o historias). Al hacerlo podrás buscar el requisito oculto.

2. Usa tus prácticas de puente de conciencia y etiqueta tus pensamientos para detener el ruido del Sistema-I.

3. Reconoce que lo que te hace sentir ansioso y angustiado no son las otras personas ni la situación, sino tus propios requisitos.

4. Usa tus herramientas de reducción de la ansiedad para encontrar y desactivar tu requisito.

5. Sabrás que has desactivado un requisito cuando te sientas liberado de tensión corporal y disminuya tu saturación mental. En el momento en que la situación se vuelva a presentar, tu yo poderoso tendrá el control y podrás responder de manera calmada y apropiada.

Al desactivar tus requisitos crearás el poder para mejorar tus relaciones y dejar de sentirte ansioso. Si desactivas ambos juegos de requisitos (los que son para ti y los que te dicen cómo debe ser la otra persona), entonces tu yo poderoso, en modo ejecutivo, construirá relaciones sanas y sin ansiedad de manera natural.

Herramientas para reducir la ansiedad

➤ Desactiva los requisitos que tienes para ti.
➤ Desactiva los requisitos que tienes para tus relaciones.
➤ Mapas espejo.

ESCALA DE EVALUACIÓN PMC: CONSTRUYE RELACIONES LIBRES DE ANSIEDAD

Fecha: _____

Después de usar las herramientas de este capítulo durante varios días, selecciona la opción de cada pregunta que mejor describa tu experiencia: casi nunca, a veces, normalmente o casi siempre.

¿Qué tan seguido...	Casi nunca	A veces	Normalmente	Casi siempre
sientes que los requisitos encienden siempre tu Sistema-I y causan estrés en tus relaciones?				
percibes que tus requisitos mantienen viva tu mala imagen propia?				
mejoran tus relaciones cuando desactivas tus requisitos?				
logras ver que tus requisitos propios te atrapan y te mantienen ansioso?				
te percibes como mucho más de lo que pensabas que eras?				
te das cuenta de que lo único que debes hacer para vivir desde el funcionamiento ejecutivo es silenciar a tu Sistema-I?				
te das cuenta de que tu yo impotente tiene el control?				
experimentas tu yo impotente como un mito del Sistema-I?				
reconoces cuando estás en modo de funcionamiento ejecutivo?				
aprecias tu yo poderoso (quien eres cuando funcionas de manera natural en cada momento)?				
logras ver la vida bajo una nueva luz cuando tu Sistema-I está en silencio?				
te das cuenta de que te has conectado a tu fuente de bienestar y sabiduría, desde donde tienes la capacidad para sanar?				
te das cuenta de que tus relaciones han mejorado?				
funcionas mejor en casa y en el trabajo?				
sientes que aumenta tu autoestima?				

Haz una lista con tres requisitos que te hacen sentir ansioso y que ahora puedes controlar al liberar la tensión del Sistema-I, de tal manera que logras funcionar en el modo ejecutivo:

_____

_____

_____

CAPÍTULO 7

CONTROLA
TUS EMOCIONES

Descubre, siente y aplica

Descubre cómo tu Sistema-I provoca que tus emociones se salgan de control.

Siente cómo puedes estar en control de tus emociones cuando logras calmar a tu Sistema-I.

Aplica tus herramientas para reducir la ansiedad en tu vida diaria.

LAS EMOCIONES Y EL SISTEMA-I

Las emociones son tu forma de vivir varios estados de mente-cuerpo especiales y únicos. Todas éstas, entre ellas el miedo y la ansiedad, surgen originalmente en el funcionamiento ejecutivo. Cuando el Sistema-I está en reposo, tus emociones son un hecho de mente-cuerpo que te permite vivir la mejor existencia posible. Tus emociones naturales y tus acciones son la expresión de tu yo poderoso.

Al estar activo el Sistema-I, el depresor y el reparador corrompen cada una de ellas. Estas emociones alteradas crean sufrimiento, miseria y angustia. El depresor captura las que son naturales, como la tristeza, la decepción, la culpa y el remordimiento, y provoca que tu cuerpo se sienta pesado y adolorido con historias negativas. Por lo tanto, las que son alteradas dejan de beneficiarte; se convierten en una carga pesada que restringe tu vida. En cambio, el reparador toma las emociones naturales, como el temor, la ansiedad y el enojo, y revuelve tu mente y cuerpo. Las emociones alteradas capturadas por el Sistema-I te convierten en una persona excesivamente temerosa, ansiosa o enojada, y crean un estado en el que es probable que reacciones de maneras desmedidas. Las emociones naturales, que están para agregar color y vitalidad, toman el control de tu vida cuando el Sistema-I las corrompe. Con tus herramientas para reducir la ansiedad puedes silenciar a tu Sistema-I y tus emociones se revierten a su estado natural y saludable.

En las prácticas de puente mente-cuerpo el factor crucial para que dejes de sentirte ansioso no es poder reconocer la diferencia entre preocupación, miedo y ansiedad, sino reconocer si tu Sistema-I está encendido o apagado. Al encontrarse apagado, tu conciencia expandida natural y tu sabiduría serán la guía de tu comportamiento en todas tus actividades de la vida diaria. El experto en tu vida está ocupando tu asiento aquí y ahora.

Una estudiante de cuidados de salud, que sufría un trastorno de ansiedad, reprobó su examen profesional. Cada vez que pensaba en el examen sufría dolores de estómago, nervios y miedo de fracasar, y decidió que no volvería a presentarlo. Tres años más tarde le asignaron un nuevo supervisor, que estaba certificado en prácticas de puente mente-cuerpo y empezó a trabajar con ellas. Descubrió que sus problemas físicos y emocionales no eran lo que estorbaba su desarrollo: era el ciclo depresor-reparador que mantenía a su Sistema-I en control de sus emociones. Una serie de mapas de mente-cuerpo la llevaron a descubrir varios requisitos. Al poco tiempo pudo hacer un plan, y tres meses después de incorporar las prácticas, volvió a hacer el examen y lo aprobó.

En este capítulo verás cómo el Sistema-I captura tus emociones naturales y cómo puedes retomar el control de tu vida emocional desde tu yo poderoso. También aprenderás a realizar una práctica avanzada de mapas llamada mapas burbuja. Esta herramienta simple y efectiva te ofrece la posibilidad, mientras haces los mapas, de descubrir los requisitos adicionales que están activando tu Sistema-I. Al estar en reposo tus emociones se regulan de manera natural y automáticamente te sientes menos ansioso.

EMOCIONES: BIENES O PROBLEMAS

1. Haz un mapa de «Emociones». En el óvalo escribe la emoción que más dificultades te causa en la vida (por ejemplo *preocupación, tristeza, culpa, celos, amor, alegría o felicidad*). Alrededor de éste escribe tus pensamientos durante un par de minutos sin editarlos.

MAPA DE *EMOCIONES*

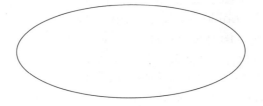

A. Contempla cada elemento. Debajo de cada uno escribe la tensión corporal asociada con él y sus historias.

B. Coloca una «D» al lado de cada elemento que muestra actividad del depresor y una «R» junto a cada elemento que muestra actividad del reparador. Por ejemplo, si el elemento *nunca me sentiré bien* presenta muchas historias negativas y tu cuerpo se siente pesado, es una muestra de actividad del depresor. Si el elemento *su manera de mirar a otras mujeres* tiene muchas historias impulsadas por la presión como *¿qué estará pensando?*, *¿qué estará haciendo?* tu cuerpo se siente ansioso. Al reconocer y desactivar los requisitos que tienes para ti mismo y para otros, tu yo poderoso, con su amplia gama de experiencias, emociones y regalos, entra en cada relación. No existe un manual de instrucciones para mantener relaciones en las que no te sientas ansioso, sólo la regla de oro: un Sistema-I desactivado.

C. ¿Cómo te sientes y cuál es tu comportamiento en este estado?

Cuando una emoción está asociada con historias impulsadas por la presión y tu cuerpo se siente demasiado alterado o lento, es porque esa emoción ha sido capturada por el Sistema-I.

2. Repite el mapa y escribe la misma emoción en el óvalo. Antes de hacerlo, escucha los sonidos de tu entorno y siente la presión de tu cuerpo sobre tu asiento, tus pies en el suelo y la pluma en tu mano. Tómate tu tiempo. Una vez que logres relajarte, no dejes de sentir la pluma en tu mano y empieza a escribir. Observa cómo el papel absorbe la tinta y escucha los sonidos de fondo. Durante los siguientes minutos, apunta cualquier pensamiento que te venga a la mente.

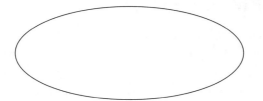

¿Cómo se siente tu cuerpo y cuál es tu comportamiento cuando estás en este estado?

_____

_____

Las emociones de este mapa que no llegan asociadas con tensión corporal nacen de tu yo poderoso.

Cada emoción que vivirás surge de tu reserva de funcionamiento natural. Cuando el Sistema-I captura esa emoción, construye sobre ella (*tu ansiedad es tal que no puedes dormir ni cumplir con tus responsabilidades*) o la disminuye (*no sientes nada y no puedes cuidarte ni a ti, ni a los demás*).

Durante el día, cuando tus emociones parecen conquistarte, usa tus prácticas de puente de conciencia y etiqueta tus pensamientos para reconocer las dos partes de tus emociones: *pensamientos* y *sensaciones corporales*. Como habrás aprendido después de hacer el mapa con prácticas de puente de conciencia, tener el cuerpo y la mente en calma te permite experimentar tus emociones sin que el Sistema-I produzca ansiedad. Entonces tu yo poderoso tiene de nuevo el control. Inténtalo ahora. Recuerda una situación cargada de emociones, escucha los sonidos de fondo y percibe lo que ocurre con tu cuerpo. Cuando tu cuerpo se relaja, tus emociones se convierten en funcionamiento natural y tu ansiedad se calma de manera natural.

¿QUIÉN CONTROLA TU VIDA: TÚ O TUS EMOCIONES?

Cuando tienes el control de tus emociones, aportas armonía y balance a tu vida diaria. Mientras tu Sistema-I está en silencio, tu yo poderoso es capaz de superar hasta las emociones más fuertes, como la ansiedad, el odio, la codicia, la envidia, la vergüenza, la culpa, el amor, la felicidad y la alegría. No es cuestión de la calidad o la cantidad de emoción; simplemente se trata de saber quién tiene el control, tu limitado yo impotente o tu yo poderoso y expansivo. No importa si tu amor es profundo o si tus otras emociones son fuertes, cuando tu Sistema-I tiene el control, influye en cómo te expresas y sientes tus emociones.

1. Analiza tu pasado. Haz una lista de tres experiencias en las cuales tus emociones positivas te llevaron a tomar malas decisiones, a no cuidarte y a vivir con ansiedad.

Experiencia	Emoción negativa
Me enamoré, le mandaba mensajes día y noche y sentía ansiedad si él no me contestaba de inmediato.	*Amor.*

2. Haz una lista de tres experiencias en las cuales tus emociones negativas te llevaron a tomar malas decisiones y a no cuidarte.

Experiencia	Emoción negativa
Mi familia política vino a visitarnos.	*Ansiedad.*

EXPERIENCIA EMOCIONAL POSITIVA

1. De tu lista anterior, elige la emoción positiva que te provocó sentirte más ansioso y escríbela en el óvalo. Toma un par de minutos para anotar tus pensamientos alrededor del óvalo. Trabaja rápido sin editar tus pensamientos.

MAPA DE *EXPERIENCIA EMOCIONAL INTENSA*

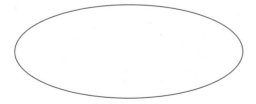

A. Contempla cada elemento. Debajo de cada uno escribe la tensión corporal relacionada con ese elemento y su historia.

B. Coloca una «D» al lado de cada elemento que muestra actividad del depresor y una «R» en cada elemento que muestra actividad del reparador.

C. ¿Cuáles son tus requisitos?

_____

_____

_____

2. Repite el mapa. Escribe la misma emoción positiva en el óvalo. Antes de hacerlo escucha los sonidos de fondo, siente la presión de tu cuerpo sobre tu asiento, tus pies en el suelo y la pluma en tu mano. Tómate tu tiempo. Una vez que logres relajarte, siente la pluma en tu mano y empieza a escribir. Observa cómo el papel absorbe la tinta y escucha los sonidos de tu entorno. Durante los siguientes minutos anota lo que te venga a la mente.

> MAPA CON PMC DE
> *EXPERIENCIA EMOCIONAL INTENSA*

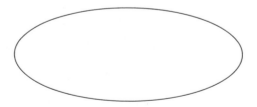

A. ¿Cuáles son las diferencias entre los dos mapas?

_____

_____

B. ¿Qué herramientas para reducir la ansiedad usarás con el fin de desactivar el resto de los requisitos que escribiste en el primer mapa del ejercicio?

_____

C. ¿Ahora puedes ver que lo que te causa ansiedad no son tus emociones sino tu Sistema-I?   Sí_____   No_____

Cuando surge una emoción intensa, es importante reconocer si la está sintiendo tu yo poderoso o si hay participación del reparador o del depresor de tu Sistema-I. Si la emoción ha sido capturada por este último, escucha los sonidos de fondo, etiqueta tus pensamientos y reconoce tus historias. También ayuda hacer un mapa de los requisitos que se relacionan con esta emoción capturada. Apagar el Sistema-I permite a cada emoción volver a su funcionamiento natural y reduce la ansiedad.

EXPERIENCIA EMOCIONAL NEGATIVA

1. De la lista previa, elige la emoción negativa que te provocó sentirte más ansioso y escríbela en el óvalo. Anota tus pensamientos alrededor de éste durante un par de minutos.

MAPA DE *EXPERIENCIA EMOCIONAL NEGATIVA*

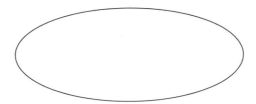

A. Contempla cada elemento. Debajo de cada uno escribe la tensión corporal relacionada con ese elemento y su historia.

B. Coloca una «D» al lado de cada elemento que muestra actividad del depresor y una «R» en cada elemento que muestra actividad del reparador.

C. ¿Cuáles son tus requisitos?

_____

_____

_____

2. Repite el mapa. Escribe la misma emoción negativa en el óvalo. Antes de hacerlo escucha los sonidos de fondo, siente la presión de tu cuerpo sobre tu asiento, tus pies en el suelo y la pluma en tu mano. Tómate tu tiempo. Una vez que logres relajarte, siente la pluma en tu mano y empieza a escribir. Observa cómo el papel absorbe la tinta y escucha los sonidos de tu entorno. Durante los siguientes minutos, anota lo que te venga a la mente.

MAPA CON PMC DE
EXPERIENCIA EMOCIONAL NEGATIVA

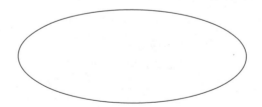

A. ¿Cuáles son las diferencias entre los dos mapas?

_____

_____

B. ¿Quién tiene el control, tu yo poderoso o tu Sistema-I?

_____

C. ¿Qué herramientas para reducir la ansiedad usarás para desactivar el resto de los requisitos que escribiste en el primer mapa del ejercicio?

_____

_____

D. ¿Ahora puedes ver que lo que te causa ansiedad no son tus emociones sino tu Sistema-I?   Sí _____   No _____

Como demuestra este mapa, el enemigo no son tus emociones negativas. Cuando estás en el modo ejecutivo, experimentas tus emociones sin sentirte ansioso. Tu yo poderoso te conduce automáticamente al bienestar de tu cuerpo y mente.

CUANDO LA SITUACIÓN SE COMPLIQUE, NO PIERDAS LA CALMA

1. Hemos vivido situaciones en las cuales sentimos que todo está bajo control, hasta que algo ocurre de repente y las complica. Llena la siguiente tabla y haz una lista de algunas de esas situaciones.

Situación difícil	Tu reacción	Requisito
Mi pareja me dijo que estoy gordo(a).	No podía pensar con claridad. Me sentía feo(a) y pensaba que no era suficientemente bueno(a) para él (ella). Mantuve mi distancia.	No debe decirme que estoy gordo(a).
Me invitaron a una reunión del colegio.	Me preocupé por lo que mis compañeros pensarían de mí y no podía dormir. Me sentí mejor cuando decidí que no iría.	Mis compañeros deben pensar que estoy en control de mi vida. No debería tener que ir a la reunión del colegio.
Reunión con el jefe principal que visita nuestras instalaciones.	Mi corazón latía con fuerza, mis manos temblaban. Cuando pensaba en el trabajo perdía la claridad. Me atemorizaba que se dieran cuenta de que soy inseguro. Quería faltar y decir que estaba enfermo.	No debería tener que conocerlo. No debo convertirme en un manojo de nervios.

Es crucial que reconozcas el momento en el cual empiezas a sentirte ansioso, o que ves las primeras señales de un Sistema-I activo. Cuando usas tus herramientas para reducir la ansiedad, de inmediato impides que tu Sistema-I tome el control y no le permites dominar tus emociones.

2. De las situaciones de la tabla anterior, elige la que te haya hecho sentirte más ansioso. Escribe esa situación en el óvalo. Alrededor de éste anota tus pensamientos durante un par de minutos sin editarlos.

> MAPA DE *SITUACIÓN PREOCUPANTE*

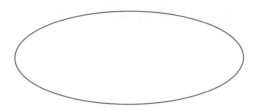

A. ¿Cómo es tu tensión corporal y cómo progresa?

_____

_____

B. Haz una lista de tus historias de depresor-reparador.

_____

_____

_____

C. Estudia tu mapa de nuevo. Dibuja un círculo (burbuja) alrededor del pensamiento que genera la mayor cantidad de tensión corporal. Toma unos minutos para escribir alrededor del elemento que está en la burbuja. Los mapas «Burbuja» te ayudan a descubrir más de tus requisitos. Haz mapas de burbujas con otros pensamientos de este mapa.

D. Identifica todos los requisitos que puedas.

_____

_____

_____

3. Repite el mapa. Escribe la misma situación preocupante en el óvalo. Antes de hacerlo escucha los sonidos de fondo, siente la presión de tu cuerpo sobre tu asiento, tus pies en el suelo y la pluma en tu mano. Tómate tu tiempo. Una vez que logres relajarte, siente la pluma en tu mano y empieza a escribir. Observa cómo el papel absorbe la tinta y escucha los sonidos de tu entorno. Durante los siguientes minutos anota los pensamientos que te vengan a la mente.

MAPA CON PMC DE *SITUACIÓN PREOCUPANTE*

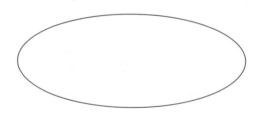

A. ¿Cuál es tu estado de mente-cuerpo después de las prácticas de puente de conciencia y cómo te sientes en este estado?

_____

_____

B. ¿Cómo te fue cuando trataste de desactivar el resto de tus requisitos?

_____

_____

_____

Recuerda: en el caso de los requisitos que son difíciles de desactivar, buscar el mayor y tratar de descomponerlo en más pequeños. Por ejemplo, el requisito _él (o ella) debe amarme_. Ya sabes cuál es tu requisito, pero te cuesta desactivarlo. Entonces, hazte la pregunta _¿cómo es ese requisito?_ Por ejemplo: _debe sonreír cuando me ve, no debe salir tanto con sus amigos, no debe enfadarse conmigo, no debe hacerme caras de disgusto, siempre debe halagarme, siempre debe tomar mi mano en público._ Estos requisitos más detallados son más fáciles de trabajar y desactivar. Cuando los desactivas, el que fue difícil de desactivar (_él o ella debe amarme_) lo hará solo.

MIEDO

1. A lo largo del día toma nota de los eventos (por ejemplo, *mi colega fue despedido* o *voy a proponerle matrimonio a mi pareja*) que te hicieron sentir miedo. Reconoce el requisito subyacente (*no debo perder mi trabajo, ella debe decir que sí se casa conmigo*).

Evento	Miedo	Requisito
Despidieron a un colega.	Me pueden correr a mí también.	No debo perder mi trabajo.
Propuesta de matrimonio.	Voy a cometer un error, dirá que no.	Ella debe decir que sí.
Fiesta de Bess.	No me sentiré parte del grupo, voy a resaltar en comparación de los demás.	Debo sentirme parte del grupo.
Reconocí un problema en el trabajo y tengo una solución.	Puedo parecer una persona estúpida si no lo presento de manera correcta.	Debo presentarlo con claridad. Deben adoptar mi solución.

2. Repasa el último mes y haz una lista de los tres grandes miedos que han afectado a tus actividades. Encuentra los requisitos ocultos para cada uno y escribe una lista:

_____

_____

_____

3. Haz un mapa de «Miedos» y escribe tu miedo más fuerte en el óvalo. Anota tus pensamientos alrededor del óvalo durante unos minutos sin editarlos.

MAPA DE *MIEDOS*

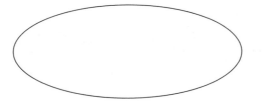

A. Siente la tensión corporal de cada elemento y encierra, en una burbuja, cada uno de los pensamientos que te generan tensión. Toma unos minutos para escribir algunos pensamientos más alrededor del elemento de la burbuja. Haz un mapa de burbuja para cada uno de los elementos difíciles.

B. Haz una lista de tus historias de depresor-reparador.

_____

_____

C. Identifica todos los requisitos que puedas.

_____

_____

_____

El miedo es una emoción natural del funcionamiento ejecutivo que te alerta ante posibles peligros. Recuerda que el miedo, como otras emociones, tiene dos partes: un pensamiento y una sensación corporal. Cuando el Sistema-I lo captura, te convence de que no puedes superarlo y te llena de angustia paralizante, hasta convertirte en su víctima. No es posible pelear contra el miedo porque el depresor-reparador toma el control, crea aún más angustia y afecta tu capacidad para responder a la situación.

4. Haz el mapa de nuevo y escribe el mismo miedo en el óvalo. Antes de realizarlo escucha los sonidos del fondo, siente la presión de tu cuerpo sobre tu asiento, tus pies en el suelo y la pluma en tu mano. Tómate tu tiempo. Una vez que logres relajarte, siente la pluma en tu mano y empieza a escribir. Observa cómo el papel absorbe la tinta y escucha los sonidos de tu entorno. Durante los siguientes minutos anota los pensamientos que te vengan a la mente.

MAPA CON PMC DE *MIEDOS*

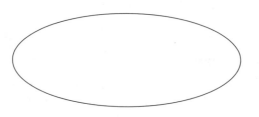

A. ¿Cómo es tu estado de mente-cuerpo, en comparación con el mapa anterior?

_____

_____

B. ¿Cómo cambiaría tu comportamiento en este estado?

_____

_____

C. ¿Crees que podrás desactivar los requisitos del mapa anterior cuando se presente la situación?   Sí _____   No _____

En las prácticas de puente mente-cuerpo, ser valiente no es lo mismo que no tener miedo. El miedo es una emoción natural del funcionamiento ejecutivo. Ser valiente significa que tu Sistema-I no ha paralizado tu capacidad natural para superar la situación que evocó al miedo. Para controlar la influencia del Sistema-I sobre tu miedo desactiva los requisitos subyacentes. Cuando lo haces, en lugar de reaccionar a una situación de miedo, respondes a la situación desde tu yo poderoso.

HAZ QUE LA ANSIEDAD SEA TU AMIGA

1. Ahora que tienes un fundamento sólido de prácticas de puente mente-cuerpo en tu vida diaria, hagamos amistad con tu síntoma de ansiedad más resistente. Antes de hacer este mapa avanzado, asegúrate de estar en un lugar tranquilo donde puedas contar con 15 minutos sin interrupciones. Toma unos momentos para considerar cuál es el síntoma de ansiedad que más se resiste a desaparecer. Escribe ese síntoma en el óvalo, así como tus pensamientos alrededor de éste. Tómate tu tiempo. Al terminar el mapa describe tu tensión corporal.

> MAPA DEL *SÍNTOMA DE*
> *QUE ESTOY ANSIOSO MÁS RESISTENTE*

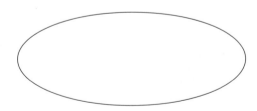

Tensión corporal:_____

A. Observa tu mapa y haz una lista de los indicadores de tu Sistema-I activo (requisitos, depresor/reparador, historias).

_____

_____

_____

B. Ocupa los siguientes 10 minutos para crear amistad con tu mapa. Para lograrlo escucha los sonidos de fondo y siente la presión de tu cuerpo sobre el asiento, tus pies en el suelo y la pluma en tu mano. Una vez que te relajes, repasa suave y amablemente cada elemento con tu mapa hasta que tu mente y cuerpo dejen de reaccionar a ese elemento. Si alguno te causa tensión, etiqueta el pensamiento correspondiente. Cuando logres revisar todo el mapa sin que te sientas ansioso o con tensión corporal, entonces tu mapa será tu amigo.

2. Repite este mapa y escribe el mismo síntoma en el óvalo. Antes de hacerlo usa tus prácticas de puente de conciencia. Escucha los sonidos de fondo, siente la presión de tu cuerpo sobre tu asiento, tus pies en el suelo y la pluma en tu mano. Tómate tu tiempo. Una vez que logres relajarte, siente la pluma en tu mano y empieza a escribir. Observa cómo el papel absorbe la tinta y escucha los sonidos de tu entorno. Durante los siguientes minutos, anota los pensamientos que te vengan a la mente.

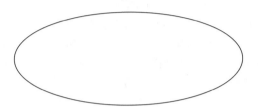

A. ¿Cuál es la diferencia entre este mapa y el anterior?

_____

_____

B. Cuando los requisitos del mapa anterior se presenten de nuevo en tu vida, ¿cómo los vas a desactivar?

_____

_____

C. ¿El síntoma del óvalo te sigue haciendo sentir ansioso y te desconecta de tu yo poderoso?   Sí_____   No_____

D. ¿Tu yo poderoso está en ti, sin importar las circunstancias?
              Sí_____   No _____

E. Para el resto de los síntomas de ansiedad, por favor repite este mapa de dos partes hasta que también hayas creado una amistad con ellos.

HERRAMIENTAS DE CONCIENCIA PARA CREAR AMISTAD CON LA ANSIEDAD

Tus pensamientos, sensaciones corporales y todas tus emociones (incluyendo la ansiedad) sólo son un problema cuando tu Sistema-I está activo y tiene el control. Tus pensamientos, tus sensaciones corporales y tu ansiedad ¡no son tus enemigos! Pero cuando tratas de distanciarte de ellos, negar su existencia o declararles la guerra, sólo logras reforzar el poder del Sistema-I. Éste protege y preserva las raíces de lo que te hace sentir ansioso y tus síntomas se apoderan de tu cuerpo y mente. Cuando creas amistad con tus pensamientos dolorosos, sensaciones corporales, emociones y síntomas de que estás ansioso, inicias un proceso de recuperación. Éstas son las herramientas poderosas de conciencia que te ayudarán a volverte amigo de la ansiedad.

1. En cualquier situación reconoce las señales tempranas de actividad en tu Sistema-I —sensaciones desagradables y revueltas en tu cuerpo, urgencia mental y pensamientos descontrolados o historias angustiantes— y reconoce cuando tu depresor-reparador empieza a tomar el control.

2. Usa las prácticas de puente de conciencia y etiqueta tus pensamientos para tranquilizar a tu Sistema-I.

3. Usa la conciencia de tu yo poderoso para distinguir las historias que el depresor o el reparador pueden comenzar a tejer. Estas historias te impiden actuar y aumentan aún más tu ansiedad.

4. Sin juzgar, descubre suave y pacientemente la actividad de tu depresor que está reforzando tus sensaciones corporales desagradables, y generándote pensamientos negativos sobre ti mismo.

5. Abre tu conciencia a tu vista, a los sonidos y a todas las sensaciones corporales además del síntoma de que estás ansioso. Esta conciencia interrumpe el control del Sistema-I.

6. Reconoce y desactiva los requisitos que activaron el síntoma de que estás ansioso. (Los mapas pueden ayudar.)

7. Recuerda que lo importante no es la actividad sino quién la hace. Si es el yo impotente de tu Sistema-I, tus síntomas de ansiedad nunca se resol-

verán. Si es tu yo poderoso, funcionando en el modo ejecutivo, dejarás de sentirte ansioso y estarás relajado para realizar tus actividades.

Tus pensamientos, sensaciones corporales y emociones son una parte natural de la vida. Cuando reconoces que una emoción (como la ansiedad) ha sido capturada por el Sistema-I, debes tomar una decisión: usar esa información y aceptarla como un aliado que indica que tu Sistema-I está encendido o rechazarla y permitir que siga en control. Tu yo poderoso te acepta «a ti» sin juzgar si la emoción es buena o mala, amiga o enemiga. Esta conciencia que no juzga apaga tu Sistema-I automáticamente y corta el desarrollo de tus síntomas. Al volverte amigo de la ansiedad mediante la expansión de tu conciencia, el síntoma desconcertante deja de apoderarse de ti. Dicho estado de conciencia expandida significa que tus requisitos no están activos. Tu yo poderoso en modo ejecutivo, con toda su capacidad para sanar, crea un estado de mente-cuerpo que te permite vivir la mejor versión de tu vida.

RESTAURAR TUS EMOCIONES NATURALES

En su adolescencia, Fran provocó un accidente de tránsito que lesionó a su pasajero. Cuando crecieron sus hijos y dejaron de requerir asientos especiales para el auto, ella se volvió temerosa y aprensiva al viajar con ellos. Cuando los llevaba a la escuela, sufría una angustia tan fuerte que insistía en que portaran cascos cada vez que se subían a un auto. Defendía sus acciones argumentando *me tranquiliza saber que están protegidos. Es por mí*.

Poco tiempo después de empezar sus prácticas de puente mente-cuerpo, Fran encontró que etiquetar sus pensamientos y usar sus prácticas de puente de conciencia le servía para calmar sus emociones cuando conducía. Al entrar en este espacio de tranquilidad emocional, su nivel general de ansiedad empezó a disminuir. Entonces hizo un mapa de «Situaciones de miedo» con el que trató su temor a conducir. Descubrió que sus historias de «lo que pasaría si...» eran responsables de sus miedos excesivos por lo que podría sucederle a sus hijos. Reconoció que su depresor (sentimientos de incapacidad) estaba detrás de su reparador (*tengo que proteger a mis hijos como pueda*) y la impulsaba a insistir en que sus hijos portaran cascos. Encontró sus requisitos (*debo estar en control, debo ser buena madre, mis hijos deben viajar seguros en el auto*) y empezó a desactivarlos en tiempo real. Conforme continuó usando sus herramientas para reducir la ansiedad, las preocupaciones y temores excesivos de Fran disminuyeron, sus preocupaciones sobre seguridad se volvieron más apropiadas, y con la calma recién encontrada pudo convertirse en una conductora segura. Los cascos fueron devueltos a su lugar y sólo fueron requeridos cuando sus hijos andaban en bicicleta.

Cada vez que tus emociones te alteran o te superan, recuerda que no sólo «es por ti». Es tu Sistema-I que se ha apoderado de tu emoción natural y te ha causado agitación. Es importante ver cómo el depresor y el reparador afectan a tus emociones naturales. Cuando el depresor interfiere con tu emoción, normalmente es más fácil reconocerlo por las historias negativas y el sentimiento pesado y desagradable que llevas en tu cuerpo. Sin embargo, si el reparador es el responsable, no siempre es fácil reconocerlo porque trata de enmascarar los pensamientos y sensaciones corporales desagradables. Los siguientes son ejemplos de cómo funciona el reparador.

a) Toma tu emoción natural de celos, que originalmente señala que debes poner atención en tu relación, y la convierte en una preocupación descontrolada. El reparador justifica esta emoción y este comportamiento nocivos con historias, y por ello es más difícil reconocerlo.

b) El reparador toma tu emoción natural de ansiedad, que en su estado puro te señala que debes poner atención en algo que está sucediendo en tu vida y lo magnifica hasta convertirla en un ataque de ansiedad. Logra que tu mente y cuerpo se alteren, y por ello te sientes y actúas como si la reacción de pánico fuera la única opción. Cuando el Sistema-I está en silencio, la ansiedad natural (pensamientos y sensaciones corporales) entra en tu conciencia amplificada. Tu yo poderoso, desde el modo ejecutivo, reconoce la señal y ofrece la respuesta debida.

c) Por último, cuando tu emoción natural de felicidad se llena de temores y te hace sentirte ansioso ante la posibilidad de perder ese estado placentero, es porque el reparador te hace creer que la felicidad debe durar para siempre.

Cuando reconozcas que el depresor y el reparador están tomando el control, sabrás que tu emoción está conectada con un requisito. Al darte cuenta de que hay un requisito subyacente (*no debería haber tanta gente en el centro comercial, debería sentirme cómodo hablando frente a un grupo, debo ser perfecto*), el poder del Sistema-I disminuye automáticamente. Si se reconoce y se desactiva el requisito (los mapas ayudan), tus emociones se vuelven más apropiadas y tu transición hacia el funcionamiento ejecutivo te prepara para responder a la situación tal como es.

APLICA LAS HERRAMIENTAS EN TU VIDA DIARIA

Ahora sabes que todas las emociones son naturales y que cuando se salen de control siempre se debe a un requisito que desconoces en ese momento. El depresor y el reparador han aumentado o disminuido tu reacción a tus emociones naturales. Las historias alimentan al Sistema-I y mantienen vivo el proceso. Cuando expandes tu conciencia, sin juzgar, para reconocer la actividad de tu Sistema-I, éste empieza a perder su poder y permite que tus emociones regresen a su estado natural (funcionamiento ejecutivo). Ahora eres capaz de vivir y expresar tus emociones naturales de una manera que es mejor para ti y el mundo, con tu yo poderoso teniendo el control.

Herramientas para reducir la ansiedad

➤ Expande tu conciencia para reconocer si tus emociones han sido capturadas por el Sistema-I.

➤ Usa tu conciencia, que no juzga, para calmar a tu Sistema-I y restaurar tus emociones naturales.

➤ Cuando logres distinguir tus requisitos, haz mapas burbuja de los elementos difíciles (pensamientos asociados con tensión corporal excesiva).

➤ Crea una amistad con tus síntomas de ansiedad.

ESCALA DE EVALUACIÓN PMC: CONTROLA TUS EMOCIONES

Fecha: _____

Después de usar las herramientas de este capítulo durante varios días, selecciona la opción de cada pregunta que mejor describa tu experiencia: casi nunca, a veces, normalmente o casi siempre.

¿Qué tan seguido...	Casi nunca	A veces	Normalmente	Casi siempre
te das cuenta cuando tu Sistema-I se apodera de tus emociones?				
reconoces el requisito que impulsa a una emoción?				
haces mapas burbuja para descubrir tus requisitos adicionales?				
desactivas los requisitos asociados con tus emociones?				
percibes que tu Sistema-I te está creando ansiedad?				
te das cuenta cuando tus emociones nacen de tu yo poderoso?				
creas amistad con tus síntomas de ansiedad?				

Haz una lista de tres emociones que han sido capturadas por el Sistema-I.

_____

_____

_____

¿Cuáles fueron los requisitos?

_____

_____

_____

¿Cómo te volviste amigo de tus síntomas de ansiedad?

_____

_____

CAPÍTULO 8

CÓMO OBTENER SALUD Y BIENESTAR

Descubre, siente y aplica

Descubre cómo la ansiedad interfiere con tu salud y bienestar.

Siente cómo al desactivar tus requisitos te sientes menos ansioso, y tu salud y bienestar aumentan.

Aplica tus herramientas para reducir la ansiedad en tu vida diaria.

Lenguaje de mente-cuerpo

Pasos de acción PMC *(puente mente-cuerpo)*: pasos para lograr una meta, que surgen del proceso de hacer mapas de mente-cuerpo de dos partes y que son llevados a cabo por tu yo poderoso en el modo ejecutivo.

¿QUIÉN ES RESPONSABLE DE TU AUTOCUIDADO?

Las decisiones a favor de un estilo de vida saludable se han convertido en la máxima prioridad de los sistemas de salud de todo el mundo. La mayoría de la gente sabe lo que es bueno para su salud, pero no parece ser capaz de corresponder a este conocimiento con buenas decisiones. A estas alturas ya conoces la verdad sobre tu Sistema-I. Al estar éste en control, no sólo te sientes más ansioso, sino que también te sientes limitado para tomar las decisiones respecto a tu salud y estilo de vida.

Mary Mae, mujer casada y madre de dos adolescentes, se ha «preocupado en exceso» toda su vida. Sus actividades diarias, como preparar alimentos, llevar a sus hijos a la escuela, ir de compras, hacer planes para los viajes y negocios de su esposo y llamar a su madre, le llenaban la mente de pensamientos ansiosos que le causaban tanta tensión que su cuerpo no podía con el dolor. Después de varias consultas médicas por una variedad de síntomas, se hicieron pruebas para diagnosticar dolores de cabeza por tensión, síndrome del intestino irritable, trastornos de ansiedad, insomnio e hipertiroidismo, pero todos sus análisis salieron negativos. Los tranquilizantes y sedantes sólo le generaban más preocupación por la posibilidad de perder el control de su vida. Estaba tan ansiosa por los problemas que se imaginaba podría enfrentar con sus hijos adolescentes, que descuidó sus propias necesidades de salud (dieta adecuada, ejercicio, recreación y demás).

Después de ver a un terapeuta de mente-cuerpo, Mary Mae descubrió que su Sistema-I estaba detrás de sus síntomas de ansiedad y que su «tren de preocupación de 24 horas» era el resultado del ciclo depresor-reparador y sus historias correspondientes. El mayor alivio llegó al reconocer y desactivar sus requisitos (*a mis hijos no debe ocurrirles nada malo, la familia debe ser feliz, mis hijos deben obtener calificaciones excelentes, no debe suceder nada inesperado, mi esposo debe ser exitoso*). Mientras desactivaba estos requisitos logró ver con claridad que su Sistema-I se encontraba detrás de su preocupación excesiva por todo lo que ocurría en el mundo, pero no se preocupaba por sí misma. Cuando se tranquilizó, empezó a tener más y más espacio para, además de cuidar a su familia, cuidarse también a sí misma.

Este capítulo te ofrece la oportunidad para poner a tu yo poderoso al mando de tu salud y bienestar, mientras descubres aún más requisitos. Además, aprenderás una nueva herramienta efectiva llamada *pasos de ac-*

ción PMC (*puente mente-cuerpo*). Para ello debes usar el proceso de mapas de dos partes para encontrar las acciones que podrían conducirte a un estado de salud y bienestar, donde no haya ansiedad creada por tu Sistema-I. Al encontrarse éste en reposo, tú operas desde el modo ejecutivo, donde obtienes bienestar de manera natural, mientras te cuidas y cumples con tus deberes sin que sentirte ansioso limite tus decisiones.

Gene, un ejecutivo sano y animado, fue diagnosticado con cáncer de próstata a la edad de 50 años. Su perspectiva de la vida cambió y se volvió ansioso, irritable y retraído. Perdió peso y no podía dormir bien. A pesar de la urgencia de su doctor, Gene pospuso su tratamiento médico. Su doctor por fin le recomendó las prácticas de puente mente-cuerpo. Hizo los mapas sobre su cáncer de próstata, por lo que vio todos sus requisitos y cómo su Sistema-I usaba sus pensamientos ansiosos sobre el cáncer para controlar su vida. Gene pudo ver cómo su reparador le impedía admitir la realidad de su cáncer y mantuvo su ansiedad encendida: «Lo que me convirtió en víctima fue mi Sistema-I y no mi cáncer». Los pasos de acción PMC de Gene incluían trabajar de cerca con su equipo médico para elegir el tratamiento correcto. Gene afirmó: «Ahora soy un superviviente en lugar de ser víctima».

¿QUIÉN ERES?

Haz un mapa de «¿Quién soy?». Al interior del círculo escribe las cualidades que mejor te describen. Después de anotar al menos seis, escribe el opuesto de cada cualidad en el exterior del círculo y conéctalo con su par por medio de una línea. Si es necesario, consulta el mapa de muestra de la siguiente página.

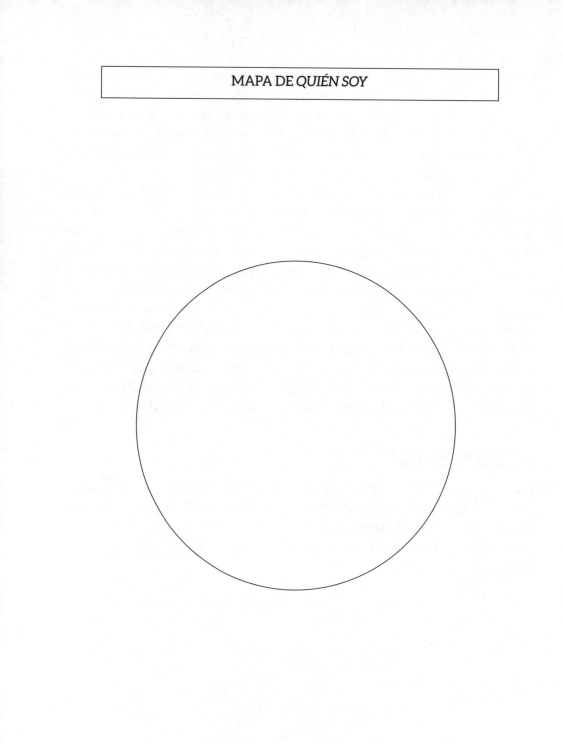

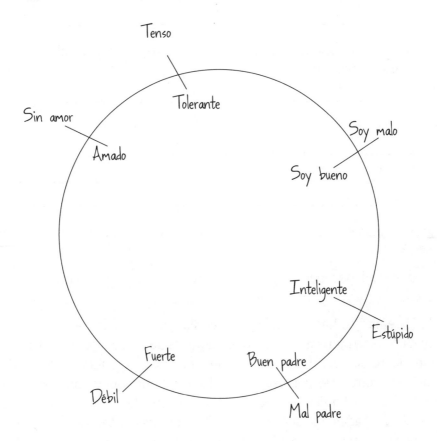

1. ¿Cómo te hacen sentir las cualidades del interior del círculo? Describe tu tensión corporal.

_____

_____

2. Describe cómo actúas cuando te sientes así.

_____

_____

3. ¿Cómo te hacen sentir las cualidades del exterior del círculo? Describe tu tensión corporal.

_____

_____

4. Describe cómo actúas cuando te sientes así.

_____

_____

5. ¿Las cualidades del interior del círculo describen realmente quién eres?   Sí _____   No _____

6. ¿Las cualidades del exterior del círculo describen realmente quién eres?   Sí _____   No _____

Tu Sistema-I te hace creer que las cualidades del interior del círculo te definen. Cuando piensas que tienes cualquiera de las cualidades del exterior del círculo, tu Sistema-I te dice que eres una persona dañada o incompleta. Tus acciones entonces corresponden al sentimiento que te provoca ese estado. Tu Sistema-I quiere convencerte de que eres la persona que *crees* que eres. Las cualidades que acabas de escribir son los pensamientos que reflejan tu percepción de quién eres, pero tú no eres esa persona.

7. Usa tus prácticas de puente de conciencia y etiqueta tus pensamientos para revisar todas las cualidades de tu mapa. ¿Cuál es el resultado?

_____

_____

Cuando etiquetas tus pensamientos y usas tus prácticas de puente de conciencia, logras ampliar el círculo para que incluya todas las cualidades de tu mapa. Si tus requisitos no están en control, entonces tú eres *todo*, por lo que puedes tener todas las cualidades de tu mapa (incluso las negativas) sin activar tu Sistema-I. Cuando tu yo poderoso está al mando, tu Sistema-I ya no limita quién eres. Eres una persona tan vasta, ilimitada y cambiante, que tu mente no logra captar quién eres por completo. Eres mucho más de lo que crees. En este estado de armonía y balance, tomas las decisiones correctas para cuidarte sin sentirte ansioso.

CONTROL DE CRISIS

1. En uno u otro momento, todos enfrentamos una crisis. Éstas, aparte de hacernos sentir ansiosos, también repercuten en nuestra salud y bienestar, según la respuesta. Cuando se enfrenta una crisis, es útil hacer un mapa de «Crisis». Para este ejercicio elige una de las que hayas enfrentado en tu vida, ya sea pequeña o grande. Escríbela en el óvalo. Toma un par de minutos para anotar alrededor de éste todo lo que te venga a la mente sobre cómo puedes responder a esta crisis. Trabaja rápidamente, sin editar tus pensamientos. Tu mente produce cientos de ellos por minuto; cuanto más abras tu mente, más amplias serán tus perspectivas.

MAPA DE *CRISIS*

MI CRISIS ES
_____

Tensión corporal: _____

A. Revisa tu mapa, haz una lista de señales de actividad de tu Sistema-I (requisitos, depresor-reparador, historias).

_____

_____

_____

_____

B. ¿Cómo te sentirías y cómo sería tu comportamiento en este estado de mente-cuerpo?

_____

_____

2. Repite este mapa con tus prácticas de puente de conciencia. Escribe la misma crisis en el óvalo. Antes de hacerlo anota cómo podrías responder a ella, escucha los sonidos de fondo, siente la presión de tu cuerpo sobre tu asiento, tus pies en el suelo y la pluma en tu mano. Tómate tu tiempo. Una vez que logres relajarte, siente la pluma en tu mano y empieza a escribir. Observa cómo el papel absorbe la tinta y escucha los sonidos de tu entorno. Durante los siguientes minutos apunta los pensamientos que te vengan a la mente sobre tu crisis.

MAPA CON PMC DE *CRISIS*

MI CRISIS ES

_____

A. ¿Qué diferencia encuentras en este mapa?

_____

B. ¿Cómo te sientes y cómo actúas cuando tu Sistema-I está en silencio?

_____

C. ¿Cómo desactivarás los requisitos del mapa anterior cuando se presenten durante una crisis?

_____

_____

Si aún sientes tu cuerpo estresado en relación con esta situación, encuentra los requisitos más grandes y trata de descomponerlos en más pequeños. Empieza por preguntarte _¿cómo es ese requisito?_ Usa tus herramientas para reducir la ansiedad y desactiva los más pequeños. Cuando enfrentas una crisis con el Sistema-I en silencio, tu yo poderoso toma las mejores decisiones.

ESPERANZAS Y MIEDOS

1. Haz un mapa de «Esperanzas y miedos». Toma un par de minutos para escribir alrededor del óvalo todo lo que te venga a la mente. Al final del mapa describe tu tensión corporal.

MAPA DE _ESPERANZAS Y MIEDOS_

ESPERANZAS Y MIEDOS

Tensión corporal: _____

A. Revisa tu mapa, haz una lista de señales de actividad de tu Sistema-I (requisitos, depresor/reparador, historias).

_____

_____

B. ¿Cómo te sentirías y comportarías en este estado de mente-cuerpo?

_____

_____

C. ¿Cuál sería el impacto de tu reacción sobre tu salud y bienestar?

_____

_____

2. Repite este mapa. Antes de empezar a escribir usa tus prácticas de puente de conciencia. Escucha los sonidos de fondo, siente la presión de tu cuerpo sobre tu asiento, tus pies en el suelo y la pluma en tu mano. Tómate tu tiempo. Una vez que logres relajarte, siente la pluma en tu mano y empieza a escribir. Observa cómo el papel absorbe la tinta y escucha los sonidos de tu entorno. Durante los siguientes minutos anota los pensamientos que te vengan a la mente sobre tus esperanzas y miedos.

> MAPA CON PMC DE *ESPERANZAS Y MIEDOS*

ESPERANZAS Y MIEDOS

A. ¿Qué diferencia encuentras en este mapa?

_____

_____

B. Desactiva los requisitos de tu mapa anterior. ¿Cómo te fue?

_____

_____

C. Los elementos de miedo del mapa anterior te siguen haciendo sentir ansioso y afectan tu capacidad para cuidarte?

Sí_____   No_____

D. Si tu respuesta fue «Sí», regresa, etiqueta tus pensamientos y usa tus prácticas de puente de conciencia para cada uno de los elementos que todavía te causan problemas.

E. ¿Tu yo poderoso está contigo siempre, sin importar lo que ocurra?

Sí_____   No_____

Si aún sientes tu cuerpo estresado por esta situación, encuentra los requisitos más grandes y trata de descomponerlos en más pequeños. Empieza por preguntarte *¿cómo es ese requisito?* Usa tus herramientas para reducir la ansiedad y desactiva los más pequeños. Cuando enfrentas una crisis con el Sistema-I en silencio, tu yo poderoso toma las mejores decisiones.

¿QUÉ TE IMPIDE OBTENER SALUD Y BIENESTAR?

1. Escribe una lista de las cosas más significativas que te impiden lograr tus objetivos de salud y bienestar. ¿Tu lista incluye tus genes, etnicidad, hijos, falta de dinero, mala educación, enfermedad, trauma o alguna otra cosa?

_____

_____

2. Haz un mapa de «Lo que me detiene». En el óvalo, escribe lo más significativo que te está deteniendo. Alrededor de éste, anota tus pensamientos durante un par de minutos sin editarlos. Describe tu tensión corporal al terminar el mapa.

MAPA DE *LO QUE ME DETIENE*

LO QUE ME DETIENE

Tensión corporal: _____

A. Escribe una lista con las historias de tu depresor/reparador.

_____

_____

B. Haz una lista de tus requisitos.

_____

_____

C. Dibuja una burbuja alrededor de los pensamientos que están acompañados de mucha tensión corporal. Toma unos minutos para escribir más pensamientos acerca del elemento que está en la burbuja. Repite el procedimiento en torno de cualquier elemento complicado para ayudarte a identificar tus requisitos de salud y bienestar.

3. Repite este mapa. En el óvalo, escribe el mismo problema que te está deteniendo. Antes de hacerlo escucha los sonidos de fondo, siente la presión de tu cuerpo sobre tu asiento, tus pies en el suelo y la pluma en tu mano. Tómate tu tiempo. Cuando logres relajarte, siente la pluma en tu mano y empieza a escribir. Observa cómo el papel absorbe la tinta y escucha los sonidos de tu entorno. Durante los siguientes minutos anota los pensamientos que te vengan a la mente.

> ### MAPA CON PMC DE *LO QUE ME DETIENE*

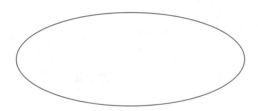

A. ¿En qué difiere este mapa del anterior?

_____

B. ¿Qué es lo que realmente te detiene?

_____

C. ¿Puedes ver que aunque tengas una enfermedad seria, lo único que te impide acceder a tu capacidad para sanar es tu Sistema-I?

Sí _____   No _____

El gran objetivo de la salud y el bienestar es acceder a tu poder innato para sanar y vivir la mejor existencia posible, y sólo se puede lograr cuando el Sistema-I está en silencio.

OBJETIVOS DE AUTOCUIDADO PERSONAL

Ahora que puedes ver con claridad cómo la ansiedad repercute en las decisiones de tu vida, veamos quién está a cargo de tus objetivos de autocuidado.

1. Alrededor del óvalo, escribe algunos de tus objetivos de cuidado personal (*comer menos alimentos fritos*) y lo que piensas de cada uno (*lo he intentado muchas veces y siempre fracaso*). Escribe durante un par de minutos sin editar tus pensamientos. Al terminar, describe tu tensión corporal.

> MAPA DE *METAS DE AUTOCUIDADO*

METAS DE AUTOCUIDADO

Tensión corporal:_____

A. ¿Cuáles son tus depresores?

_____

B. ¿Cuáles son tus reparadores?

_____

C. ¿Cuáles son tus historias?

_____

D. ¿Cuáles son tus requisitos?

_____

E. ¿Cómo te cuidas cuando estás en este estado?

_____

2. Repite este mapa con tus prácticas de puente de conciencia. Antes de empezar a escribir sobre tus objetivos de cuidado personal escucha los sonidos de fondo, siente la presión de tu cuerpo sobre tu asiento, tus pies en el suelo y la pluma en tu mano. Tómate tu tiempo. Una vez que logres relajarte, siente la pluma en tu mano y empieza a escribir. Observa cómo el papel absorbe la tinta y escucha los sonidos de tu entorno. Durante los siguientes minutos anota los pensamientos que te vengan a la mente.

> MAPA CON PMC DE *METAS DE AUTOCUIDADO*

METAS DE AUTOCUIDADO

A. ¿En qué difiere este mapa del anterior?

_____

B. ¿Alguno de estos elementos está acompañado de tensión corporal?

Sí _____   No_____

C. ¿Reconoces tus requisitos para aquellos elementos acompañados de tensión corporal?

_____

_____

D. Haz una lista de los objetivos de cuidado personal que no generan tensión corporal.

_____

_____

_____

Para impedir que la ansiedad afecte tu salud y bienestar simplemente desactiva tus requisitos y silencia a tu Sistema-I. De esta manera tu funcionamiento ejecutivo natural estará a cargo de tu salud y bienestar en lugar de aquél.

DESCUBRE LOS PASOS DE ACCIÓN PMC PARA EL AUTOCUIDADO

1. Del mapa anterior, elige uno de los objetivos de autocuidado que no tenía tensión corporal. Escríbelo en el óvalo. Ahora toma un par de minutos para anotar tus pensamientos alrededor de éste, y sobre lo que vas a hacer para lograr dicho objetivo. Escribe tus ideas con precisión. Al terminar describe tu tensión corporal.

> MAPA DE *LOGRO DE META DE AUTOCUIDADO*

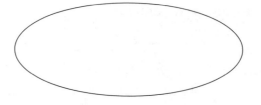

Tensión corporal:_____

A. ¿Cuáles son tus depresores?

_____

B. ¿Cuáles son tus reparadores?

_____

C. ¿Cuáles son tus historias?

_____

D. ¿Cuáles son tus requisitos?

_____

_____

¿Lograste ver cómo tu Sistema-I se apoderó de un objetivo que antes no tenía tensión corporal, creó requisitos sobre la consecución de esa meta y limitó tu éxito? Tu Sistema-I activo siempre creará ansiedad y afectará tu camino hacia la salud y el bienestar.

2. Repite este mapa con tus prácticas de puente de conciencia. Antes de empezar a escribir cómo vas a lograr ese objetivo, escucha los sonidos de fondo, siente la presión de tu cuerpo sobre tu asiento, tus pies en el suelo y la pluma en tu mano. Tómate tu tiempo. Una vez que logres relajarte, siente la pluma en tu mano y empieza a escribir. Observa cómo el papel absorbe la tinta y escucha los sonidos de tu entorno. Escribe durante un par de minutos.

> MAPA CON PMC DE *LOGRO DE META DE AUTOCUIDADO*

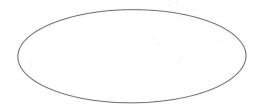

A. Circula los elementos que *no* tienen tensión corporal. Éstos son posibles pasos de acción.

B. Elige tres de estos elementos para usarlos como los pasos de acción PMC que tomarás para lograr un nivel de cuidado personal sin sentirte ansioso ni estresado. Escríbelos en una lista:

_____

_____

_____

Acabas de usar un proceso de mapas de dos partes para distinguir los pasos de acción controlados por el Sistema-I de los pasos de acción PMC. Has descubierto que los elementos en tu mapa de prácticas de puente de conciencia que no conllevan tensión corporal ni saturación mental, son pasos de acción PMC que nacen del funcionamiento ejecutivo. Elige el paso de acción PMC que te parece más importante y úsalo desde hoy. Para lograr tus objetivos de salud y bienestar debes silenciar a tu Sistema-I antes de dar cada paso.·Si tu cuerpo se estresa y tu mente se satura cuando estás dando tus pasos de acción, evítalo usando tus herramientas para reducir la ansiedad. Cuando el Sistema-I deje de estar en control, tus decisiones nacerán desde tu modo ejecutivo y los pasos de acción PMC los dará tu yo poderoso.

EL MOMENTO PARA CUIDARTE ES ÉSTE

1. Haz un mapa de «Pasado, presente y futuro». En la sección del «Pasado» toma un par de minutos para escribir lo que te venga a la mente sobre éste. Describe también tu tensión corporal. A continuación, en la sección de «Futuro» toma otro par de minutos para anotar lo que te venga a la mente sobre tu porvenir. Describe tu tensión corporal. Finalmente, en la sección del «Presente» toma un par de minutos para apuntar lo que te llegue a la mente sobre éste y, de nuevo, describe tu tensión corporal.

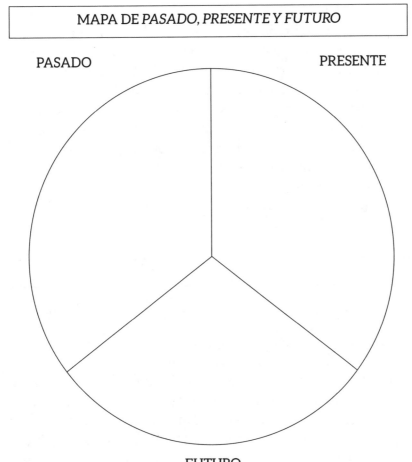

MAPA DE *PASADO, PRESENTE Y FUTURO*

PASADO

PRESENTE

FUTURO

Estudiemos este fabuloso mapa.

A. La sección del «Pasado» en tu mapa está llena de historias y temas como *mi padre siempre estaba enfermo* y *mis amigos siempre me presionaban para salir de fiesta*. Verdaderas o no, positivas o negativas, estas historias crean saturación mental; siempre tensan tu cuerpo y te alejan del presente. Cuando reconoces tus historias en tiempo real, te das cuenta que te separan de lo que debes hacer en el presente.

¿Qué percibes sobre la sección del «Pasado» de tu mapa? Haz una lista de tus historias. _____

_____

_____

B. Tal vez la sección «Futuro» de tu mapa esté llena de sueños y esperanzas. Al lado de cada elemento que estrese tu cuerpo escribe los requisitos que puedas encontrar. Por ejemplo, si el elemento que te está creando tensión corporal es *no estaré ansioso*, el requisito es *no debo ser ansioso*. El Sistema-I se ha apoderado del funcionamiento de tus pensamientos naturales, los ha convertido en un requisito y ha estresado tu cuerpo y saturado tu mente. Cuando tus pensamientos sobre el futuro se presenten en tiempo real, impulsados por el Sistema-I, siente tu tensión corporal, encuentra tus requisitos, etiqueta tus pensamientos y usa las prácticas de puente de conciencia para regresar al presente.

Escribe una lista de los requisitos que encuentres en la sección «Futuro» de tu mapa:

_____

_____

_____

C. La sección «Presente» de este mapa muestra lo que piensas y sientes en la actualidad. Busca señales de actividad en el Sistema-I, como tensión corporal, depresores, reparadores e historias. ¿Puedes descubrir tus requisitos? El Sistema-I ha obtenido material de tu pasado y tu futuro para tratar de reparar la imagen dañada que tienes de ti mismo. Busca cuidadosamente las señales del reparador y entonces encuentra al depresor oculto. El depresor te hace sentir que eres una persona descompuesta e impulsa al reparador. Sabes que éste nunca logrará «reparar» el daño, porque no eres una persona descompuesta. No necesitas reparación. Si te sientes dañado es por tu Sistema-I activo, no por lo que has vivido, y limita tu capacidad para vivir plenamente en el presente.

Escribe una lista de cualquier indicación del Sistema-I que encuentres en la sección «Presente» de tu mapa. Haz otra lista de tus depresores, reparadores, historias y requisitos.

_____

_____

_____

2. Haz un mapa del «Presente». Antes de empezar a escribir usa tus prácticas de puente de conciencia. Escucha los sonidos del fondo, siente la presión de tu cuerpo sobre tu asiento, tus pies en el suelo y la pluma en tu mano. Tómate tu tiempo. Una vez que logres relajarte, siente la pluma en tu mano y anota lo que te venga a la mente sobre el presente. Observa cómo el papel absorbe la tinta y escucha los sonidos de tu entorno.

> ### MAPA CON PMC DE *PASADO, PRESENTE Y FUTURO*

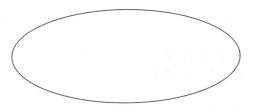

A. ¿Qué diferencia encuentras en este mapa en comparación con la sección «Presente» de tu mapa «Pasado, presente y futuro»?

_____

_____

B. Describe cómo te cuidarías y cómo cumplirías tus responsabilidades en este estado de mente-cuerpo.

_____

_____

APLICA LAS HERRAMIENTAS
EN TU VIDA DIARIA

Frankie, una niña con sobrepeso, era víctima de *bullying* en la escuela y tenía muy pocos amigos. En la preparatoria se volvió aún más ansiosa por su apariencia. Empezó a restringir su alimentación y a hacer ejercicio constantemente. Incluso cuando alcanzó su peso «ideal» se siguió sintiendo demasiado gorda e incrementó simplemente su rutina de ejercicio. A medida que aumentaba su preocupación por su peso, se se fue aislando de sus amistades, faltaba a clases con frecuencia y se negaba a asistir a eventos escolares. Al principio sus padres estaban contentos con su esfuerzo, pero pronto se empezaron a preocupar por su obsesión por el peso, el exceso de ejercicio que hacía y su aislamiento continuo. Contactaron al consejero de la escuela.

Éste la refirió a un grupo de prácticas mente-cuerpo para adolescentes. Al principio ella no estaba convencida de que dichas prácticas pudieran ayudarle, pero poco a poco comenzó a usar las herramientas para reducir la ansiedad (prácticas de puente de conciencia, etiquetar pensamientos y mapas mente-cuerpo). Cuando tenía el pensamiento *estoy gorda*, lo etiquetaba como «un simple pensamiento». Al mismo tiempo tomaba un momento para escuchar los sonidos de su entorno. Le sorprendió descubrir que era capaz de alcanzar la tranquilidad y controlar sus pensamientos. A través de sus mapas mente-cuerpo descubrió la interacción entre el depresor y el reparador de su Sistema-I. Los pensamientos de su depresor y sus historias decían cosas como *estoy gorda, nadie me quiere, mi familia no me ama porque quieren obligarme a comer*. El reparador respondía con pensamientos tensos y desequilibrados como *debo obligarme a ser delgada, más ejercicio, menos comida*. El depresor impulsaba a su reparador y provocaba que se sintiera ansiosa mientras trataba de cumplir con todos sus requisitos conectados con su imagen corporal (*debo verme perfecta, debo ser delgada, mi familia debe apoyarme*). Hizo mapas de sus requisitos y empezó a desactivarlos en tiempo real. Descubrió que al disminuir la presión excesiva de su reparador era capaz de aceptar su cuerpo, comer apropiadamente y estar en buena condición física sin sentirse ansioso.

Después de completar 10 sesiones con su grupo y seguir con sus tareas de prácticas, Frankie ha logrado convertirse en una alumna saludable, tiene más amistades y vive sin la ansiedad impulsada por su Sistema-I.

Cuando usas tus herramientas para reducir la ansiedad, tu yo poderoso, operando en el modo ejecutivo, está a cargo de tus cuidados personales. Con la mente despejada y el cuerpo en calma, tus decisiones sobre tus cuidados son naturales y tus elecciones son más claras. Un estado de mente-cuerpo unificado va de la mano del bienestar.

Herramientas para reducir la ansiedad

➤ Desactiva tus requisitos para asumir tu autocuidado y apoyar tu bienestar.

➤ Descubre y usa los pasos de acción PMC para que tus decisiones de estilo de vida sean más saludables.

ESCALA DE EVALUACIÓN PMC: OBTENER SALUD Y BIENESTAR

Fecha: _____

Después de usar las herramientas de este capítulo durante varios días, selecciona la opción de cada pregunta que mejor describa tu experiencia: casi nunca, a veces, normalmente o casi siempre.

¿Qué tan seguido...	Casi nunca	A veces	Normalmente	Casi siempre
te das cuenta que tu Sistema-I impulsa tu salud y bienestar?				
te das cuenta que te estás cuidando mientras tu Sistema-I está en reposo?				
usas tus herramientas para reducir la ansiedad y poder responder a una crisis?				
reconoces que tus requisitos restringen tus decisiones de salud y bienestar?				
desactivas los requisitos que te impiden cuidarte?				
sigues los pasos de acción PMC?				
te das cuenta que tu bienestar y mantener al Sistema-I en reposo van de la mano?				
vives y expresas tu yo poderoso en el momento presente?				

Menciona tres situaciones donde tu Sistema-I te haya impedido asumir tu autocuidado.

_____

_____

_____

Menciona tres requisitos asociados con estas situaciones que hayas logrado desactivar.

_____

_____

_____

Menciona tres pasos de acción PMC que estás dando para asegurar tu bienestar.

_____

_____

CAPÍTULO 9

VIVIR SIN ANSIEDAD

Descubre, siente y aplica

Descubre cómo tu Sistema-I te impide vivir sin ansiedad.

Siente el efecto poderoso de usar tus herramientas para reducir la ansiedad con frecuencia.

Aplica tus herramientas para reducir la ansiedad en tu vida diaria.

ENFRENTAR EL FUTURO

El futuro suele ser incierto e impredecible. Nadie puede controlar lo que éste nos depara. Lo que puedes controlar es quién está al mando: tu yo impotente o tu yo poderoso. Cuando el Sistema-I está en control, los desafíos se cargan de ansiedad y sientes que no puedes hacer nada. Además, es probable que tus síntomas vuelvan a aparecer. Al integrar tus herramientas para reducir la ansiedad en tu vida diaria, aunque estés enfrentando una situación muy estresante, serás capaz de enfrentarla desde el modo ejecutivo, mientras tu yo poderoso toma las mejores decisiones.

Jack, un hombre casado que es copiloto para una de las principales aerolíneas europeas, desarrolló miedo a volar después de una experiencia terrorífica que tuvo mientras volaba enmedio de una tormenta. Empezó a escanear los pronósticos de tiempo para sus vuelos y, si encontraba alguno de tormentas, trataba de cambiar su vuelo con otro copiloto. Si no lo lograba, llamaba para ausentarse por enfermedad. La preocupación y ansiedad de Jack empezaron a interferir con su vida familiar cuando sus seres queridos se dieron cuenta de lo ansioso que se sentía. Intentó muchas técnicas que disminuyeron su ansiedad, pero su miedo a volar cuando había tormenta permaneció.

Cuando empezó a hacer prácticas de puente mente-cuerpo, Jack pudo ver cómo su depresor le hacía sentir incapaz, débil y temeroso. Después aparecía su reparador a toda marcha y lo llenaba de ansiedad. Ante cualquier posibilidad de un estado del tiempo desfavorable, su ciclo depresor-reparador buscaba maneras de evitar los vuelos. A través de sus prácticas de puente de conciencia, como etiquetar sus pensamientos y hacer mapas, aprendió a tranquilizar a su Sistema-I. Dejó de preocuparse tanto y su vida familiar mejoró de manera natural. Siguió haciendo mapas y creó algunos específicos dirigidos a su miedo a volar durante tormentas, tales como el mapa de «Miedo a volar durante tormentas», el de «¿Qué pasa si el piloto comete un error?» y el de «Experiencias traumáticas». Identificó los requisitos *no debo volar cuando hay mal estado del tiempo, el piloto debe ser perfecto, debo asegurarme de estar siempre a salvo, siempre debo tener el control* y *no debe ocurrirme nada malo.* El punto de transición en su recuperación fue cuando hizo la sección de prácticas de puente de conciencia de sus mapas. Durante la primera parte sentía claramente que su Sistema-I le hacía desconfiar de sí mismo y de los demás. Cuando hizo los mapas mente-cuerpo, Jack logró acceder a su fuente innata de bienestar y sabiduría, donde encontró también el poder para sanar. Ahora confía en la verdadera experiencia y criterio de su funcionamiento ejecutivo, en lugar de escuchar las historias de su Sistema-I. Ha vuelto a ser un copiloto para todas las condiciones atmosféricas y sigue disfrutando su trabajo.

Este capítulo reúne todas tus herramientas para reducir la ansiedad con el fin de que ésta no te impida superar efectivamente los desafíos que enfrentes en la vida. También aprenderás una práctica rápida y avanzada de mapas, llamada *mapas de poder*, que te ayudará a encontrar tus requisitos ocultos. Esta herramienta de asociación libre te hace rápidamente consciente de tus requisitos para un problema, situación, evento o persona que te provoque sentirte ansioso. Si no usas tus prácticas de puente de conciencia, puedes hacer un mapa tras otro, mientras tu Sistema-I permanece encendido. Al hacer mapas de poder tu Sistema-I está libre, pero al mismo tiempo tu yo poderoso tiene el control. Si tienes el hábito de hacer mapas de poder, entonces verás por cuenta propia que no importa lo que pase, tu yo poderoso tiene el control.

PENSAR LAS COSAS DEMASIADO PUEDE AFECTAR TU CALIDAD DE VIDA

1. Escribe cinco situaciones en las cuales pensar demasiado te impide entrar en acción porque te crea ansiedad. Encuentra el requisito detrás de cada evento.

El primer paso para responder a una situación que hace que te sientas ansioso y te inmoviliza es darte cuenta que *pensar demasiado* señala que tu Sistema-I está encendido. Siente la tensión en tu cuerpo; por ejemplo, en tus hombros, o el nudo en tu estómago. Después usa tu práctica de puente de conciencia preferida (como escuchar los sonidos de tu entorno o frotar tus dedos) y encuentra tu requisito. Para desactivar uno, por favor acuérdate de reconocer que lo que causa tu angustia no es la situación ni la ansiedad de pensar demasiado; es el requisito de tu Sistema-I. Algunos se desactivan fácilmente, pero si algún requisito es difícil de inactivar, posiblemente haya otros relacionados que no has encontrado aún. Hacer mapas como los que están a continuación puede ayudarte.

Situación	Pensarlo demasiado	Requisito
Saludar a la gente con la mano.	No puedo parar mis pensamientos constantes y no puedo dejar de preocuparme por los gérmenes.	No debería tener que saludar a la gente de mano, no debería preocuparme por los gérmenes.
Salir de casa.	¿Qué pasa si dejo una ventana abierta? ¿Qué tal si no cerré la puerta trasera con llave? La casa no está segura.	Mi casa debe estar segura, debo revisar cada puerta y ventana dos veces.
No puedo dormir cuando tengo una presentación al día siguiente.	No puedo dejar de repasarla una y otra vez. Me estoy creando ansiedad y no puedo dormir.	Mi presentación debe ser perfecta, debo conciliar el sueño.

2. Haz un mapa sobre la situación de la lista anterior que consideres más difícil, ésa en la que pensaste tanto que no pudiste entrar en acción. Escribe esa situación en el óvalo (por ejemplo, *ir a un baño público, hablar en una reunión*). Alrededor del óvalo anota tus pensamientos durante un par de minutos, sin editarlos. Al terminar describe tu tensión corporal.

MAPA DE *PENSAR DEMASIADO*

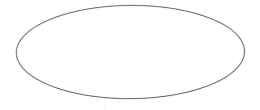

Tensión corporal: _____

A. ¿Cuáles son las historias de tu depresor/reparador?

_____

_____

B. Encuentra y enumera cada uno de tus requisitos ocultos.

_____

_____

C. Dibuja una burbuja alrededor del elemento que esté acompañado de mucha tensión corporal. Toma un par de minutos para escribir más pensamientos acerca del elemento que está dentro de la burbuja. Para encontrar tus requisitos ocultos repite el ejercicio de la burbuja con cada elemento cargado de ansiedad.

3. Repite este mapa y escribe la misma situación en el óvalo. Antes de hacerlo escucha los sonidos de fondo, siente la presión de tu cuerpo sobre tu asiento, tus pies en el suelo y la pluma en tu mano. Tómate tu tiempo. Una vez que logres relajarte, siente la pluma en tu mano y empieza a escribir. Observa cómo el papel absorbe la tinta y escucha los sonidos de tu entorno. Durante los siguientes minutos anota los pensamientos que te vengan a la mente.

MAPA CON PMC DE _PENSAR DEMASIADO_

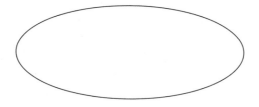

A. ¿Cuál es tu estado de mente-cuerpo en este mapa, en comparación con el anterior?

_____

_____

B. ¿Cómo te sentirías y cuál sería tu comportamiento si estuvieras en este estado? _____

_____

C. ¿Puedes ver que el problema real no es que piensas las cosas demasiado, sino que tus requisitos encienden tu Sistema-I y éste impulsa las historias que te hacen sentir ansioso?   Sí _____   No _____

D. Describe cómo reconocerás y desactivarás tus requisitos en tiempo real.

_____

_____

¿CUÁNDO LO SUFICIENTE NO ES SUFICIENTE?

Nuestro Sistema-I nos hace compararnos con los demás. Nos dice (al crear requisitos sobre cómo debemos ser y cómo debe ser el mundo) que no tenemos suficiente de algo (dinero, inteligencia, buena apariencia, educación o conexiones laborales), y nos produce preocupación excesiva y ansiedad. Al vernos atrapados en las reglas del Sistema-I respondemos con pensamientos y comportamientos ansiosos.

1. Piensa en una situación en la que te sentiste tan ansioso por no tener suficiente dinero, tiempo, energía, buena apariencia, talento y demás cualidades que recordarla todavía te provoca tensión corporal y saturación mental. Ahora llena la siguiente tabla.

Situación	Tu reacción	Requisito
No tuve tiempo suficiente para estudiar para el examen final.	*Sentí ansiedad y abandoné el curso.*	*Debo tener más tiempo para estudiar.* *Debo prepararme mejor.*
Tenía una entrevista de trabajo en puerta.	*Me dio insomnio.* *Me preocupó que no me contrataran. La anticipación me puso de nervios.*	*No debería tener que acudir a la entrevista.* *Debo ser aceptable.* *Debo evitar los nervios.* *Deben contratarme.*
Me estaba preparando para una primera cita.	*No podía decidir qué ponerme. Me preguntaba si le agradaría. Sentí dolor de estómago por la preocupación todo el día.*	*Debo verme perfectamente.* *Debo sentirme bien.* *Debo ser agradable.*

Si tus requisitos no han sido desactivados, tu Sistema-I seguirá controlando tu vida y creando en ti ansiedad y celos. La fuente de tus dificultades no es lo que hacen o tienen los demás; es tu Sistema-I el que te hace sentir que nunca tendrás suficiente. Los siguientes mapas te ayudarán a ver la situación con más claridad.

2. A partir de la tabla anterior elige la situación con más carga de ansiedad y escríbela en el siguiente óvalo. Después apunta cerca de éste tus pensamientos sobre esa situación. Escribe durante un par de minutos.

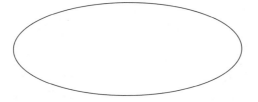

A. ¿Cómo es tu tensión corporal y cómo progresa?

_____

B. ¿Cuáles son tus depresores?

_____

C. ¿Cuáles son tus reparadores?

_____

D. ¿Cuáles son tus historias?

_____

E. Haz una lista de tus requisitos.

_____

_____

F. Dibuja una burbuja alrededor de un pensamiento que te cause mucha tensión corporal. Toma un par de minutos para escribir más pensamientos acerca del elemento que está dentro de la burbuja. Repite el ejercicio con los demás elementos difíciles.

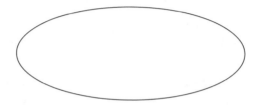

A. ¿Qué diferencia encuentras en comparación con el mapa anterior?

_____

B. ¿Cómo actúas cuando tu Sistema-I está apagado?

_____

C. ¿Cómo desactivarías tus requisitos del mapa anterior si la situación volviera a presentarse?

_____

_____

Si aún sientes tensión después de hacer el mapa de prácticas de puente de conciencia, y crees que tal vez te cueste responder a la situación cuando se presente de nuevo, usa la siguiente información sobre los mapas de poder para encontrar los requisitos ocultos que se resistan. Éstos sólo son para personas que han tenido éxito con las prácticas de puente mente-cuerpo en sus vidas diarias. Úsalos cuando te cueste trabajo controlar a tu Sistema-I, es decir, cuando no logres resolver tus síntomas de ansiedad.

232

USA LOS MAPAS DE PODER PARA SALIR DE TU ANSIEDAD

Los mapas de poder son herramientas avanzadas que sólo funcionarán sobre una base sólida de prácticas de puente mente-cuerpo, y cuando hayas logrado reconocer y desactivar tus requisitos. Es importante contar con 20 o 30 minutos para hacer los mapas de poder.

1. Siéntate y toma una pluma y papel. En el centro del papel escribe el asunto que más te atormenta (por ejemplo, *tengo que viajar en avión*). Dibuja un óvalo alrededor de ese asunto y escribe rápidamente los pensamientos que te vengan a la mente. Dale toda la libertad a tu Sistema-I mientras escribes. No uses tus prácticas de puente de conciencia, no trates de reducir tu ansiedad y de resolver el asunto. Lo único que debes hacer es observar a tu Sistema-I en acción. Cuando termines el mapa, describe la tensión corporal que experimentas en la parte baja de la página.

2. Ahora busca el pensamiento con más carga de ansiedad que hayas escrito en tu mapa, anótalo de nuevo dentro de un óvalo en otra hoja de papel y empieza a hacer un mapa con ese pensamiento. Al terminar, describe la tensión corporal que experimentas al final de la página. Repite este proceso para el pensamiento con más carga de ansiedad de un mapa y conviértelo en el tema del siguiente. Haz un mapa tras otro durante todo el tiempo que sea necesario hasta que tu Sistema-I esté en silencio y te sientas menos ansioso de manera natural. Revisa tus mapas para encontrar los requisitos que no habías reconocido antes. Éstos son los que encendían tu Sistema-I y alimentaban tu ansiedad.

3. Revisa tu serie de mapas y siente cómo tu estrés corporal disminuye eventualmente a medida que se desvanece tu ansiedad. No es posible sentir ansiedad sin tensión corporal.

Cuando haces mapas de poder tu Sistema-I está encendido, pero tu yo poderoso se mantiene en control mientras los haces. Permite que tu Sistema-I se mueva con libertad mientras apuntas tus pensamientos, emociones y tensión corporal. Con el paso del tiempo verás que tu Sistema-I se termina desgastando mientras haces tus mapas. Estás encontrando tus requisitos ocultos mientras agotas a tu Sistema-I. Esto demuestra que puedes superar esos impulsos y presiones mentales, así como tu tensión corporal, sin sufrir ansiedad.

¿Cómo te fue?

_____

_____

_____

_____

_____

Todos tenemos un Sistema-I y nunca podremos librarnos de él. Está ahí para recordarte cuando te sales del camino (figura 2.1). Es tu amigo y tu compás, te dice cuando no estás funcionando en el modo ejecutivo. Los mapas de poder demuestran que sin importar la intensidad de tu Sistema-I, siempre puedes ser su jefe sin sentirte ansioso.

COMPITE SIN ANSIEDAD

Todos somos competitivos por naturaleza y queremos destacar. Cuando tu Sistema-I se apodera de este espíritu competitivo, distorsiona tus ambiciones, te produce ansiedad y afecta tu desempeño. Cada vez que el reparador impulsa la competencia, un juego amistoso puede convertirse en una batalla que no deja prisioneros, una simple conversación puede transformarse en un duelo de poder a poder, perder 10 kilos puede convertirse en una lucha de vida o muerte, y el dinero transformarse en el equivalente del valor de una persona. Pero tu depresor nunca está satisfecho y drenará tu autoestima impidiendo que tus logros te permitan sentirte como un ganador. El Sistema-I también afecta tu espíritu competitivo natural e inhibe la expresión de tu yo poderoso en tus actividades.

1. Piensa en una situación competitiva y sus consecuencias. Reconoce los requisitos subyacentes.

Cuando estés en una situación competitiva, siente las primeras indicaciones de tu Sistema-I: la presión urgente de ganar, la exageración de las historias de derrota, la dificultad para concentrarte y la comisión de errores.

Recuerda, lo que provoca tus reacciones ansiosas no es la situación ni tu naturaleza competitiva; son tus requisitos. Si no los desactivas, siempre tendrán el poder para inhibir tu desempeño y crearte ansiedad. Aunque logres ganar, la ansiedad asociada con ese requisito te impedirá competir en tu mejor nivel. Cuando los reconoces, algunos se desactivan fácilmente, pero si el requisito se resiste, es probable que haya más requisitos relacionados que aún no has encontrado. Desactivarlos libera tu deseo de destacar.

Situación competitiva	Tu comportamiento	Requisitos
Elección del Club de Mujeres.	Emocionada, preocupada por quién votará por mí. Sólo sentí que podía hacer campaña después de hacer un mapa.	Debo ganar la elección.
Quería ser la más atractiva en el baile navideño.	Compré un vestido rojo fabuloso, pero me dio miedo ponérmelo. Me puse el vestido negro del año pasado.	Debo ser la más sexy.
Obtuve uno sobre par en cada uno de los últimos nueve hoyos cuando jugamos golf.	Iba empeorando y empecé a temblar sintiendo que era un perdedor.	Debo ser excelente en el golf.

2. De las situaciones competitivas de la lista anterior elige la que te haya hecho sentir más tenso y ansioso. Escríbela dentro del óvalo. Alrededor de éste anota, durante un par de minutos, tus pensamientos sobre esta situación sin editarlos.

| MAPA DE *SITUACIÓN COMPETITIVA* |

A. Describe tu tensión corporal y la manera en que progresa.

B. ¿Qué ocurre con tu reparador y tu depresor?

C. Identifica y enumera todos los requisitos que encuentres.

D. ¿Cómo es tu comportamiento en este estado?

Aunque ganes, los requisitos de este mapa que no hayas desactivado te limitarán.

3. Repite este mapa y escribe la misma situación dentro del óvalo: Antes de hacerlo escucha los sonidos de fondo, siente la presión de tu cuerpo sobre tu asiento, tus pies en el suelo y la pluma en tu mano. Tómate tu tiempo. Una vez que logres relajarte, siente la pluma en tu mano y empieza a escribir. Observa cómo el papel absorbe la tinta y escucha los sonidos de tu entorno. Durante los siguientes minutos anota los pensamientos que te vengan a la mente.

> ### MAPA CON PMC DE *SITUACIÓN COMPETITIVA*

A. ¿Cuál es tu estado de mente-cuerpo después de hacer tus prácticas de puente de conciencia y cómo es tu comportamiento cuando estás en este estado?

_____

_____

B. ¿Cómo vas a desactivar los requisitos restantes del mapa anterior?

_____

_____

Ganes, pierdas o empates, desactivar tus requisitos es una victoria porque tu yo poderoso tiene el control y funcionas en el modo ejecutivo.

SOBRE EL ÉXITO

Ahora que has reducido el control que tu Sistema-I ejercía sobre ti y que puedes responder a la vida desde tu yo poderoso, analicemos tus objetivos.

1. Escribe alrededor del óvalo tus pensamientos sobre tus objetivos para alcanzar el éxito. Anótalos durante un par de minutos sin editarlos. Describe tu tensión corporal al terminar el mapa.

MAPA DE ÉXITO

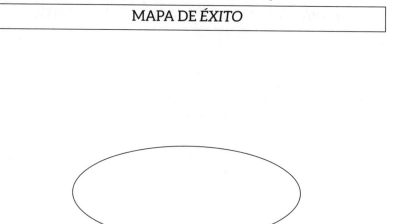

Tensión corporal: _____

    ¿Qué hace tu Sistema-I activo ahora?

A. ¿Cuáles son tus depresores?

_____

B. ¿Cuáles son tus reparadores?

_____

C. ¿Cuáles son tus historias?

_____

D. ¿Cuáles son tus requisitos?

_____

El camino para cumplir tus objetivos pasa por desactivar tus requisitos.

2. Repite este mapa con tus prácticas de puente de conciencia. Antes de hacerlo, escucha los sonidos de fondo, siente la presión de tu cuerpo sobre tu asiento, tus pies en el suelo y la pluma en tu mano. Tómate tu tiempo. Una vez que logres relajarte, siente la pluma en tu mano y empieza a escribir. Observa cómo el papel absorbe la tinta y escucha los sonidos de tu entorno. Durante los siguientes minutos anota los pensamientos que te vengan a la mente.

MAPA CON PMC DE ÉXITO

METAS

A. ¿En qué difiere este mapa del anterior?

_____

_____

B. ¿Alguno de estos elementos está acompañado de tensión corporal?

Sí_____   No_____

C. ¿Reconoces tus requisitos para aquellos elementos acompañados de tensión corporal? Haz una lista.

_____

_____

D. ¿En el caso de aquellos elementos sin tensión corporal, tus objetivos son más claros?

_____

_____

DESCUBRE TUS PASOS DE ACCIÓN PMC PARA EL ÉXITO

Aceleremos el ritmo para descubrir los pasos de acción necesarios para alcanzar uno de tus objetivos.

1. Elige uno de los elementos del mapa anterior que no te haya provocado tensión corporal. Escríbelo en el óvalo. A continuación toma un par de minutos para anotar, alrededor de éste, tus pensamientos sobre lo que debes hacer para alcanzarlo. Escribe con precisión. Al terminar el mapa describe tu tensión corporal.

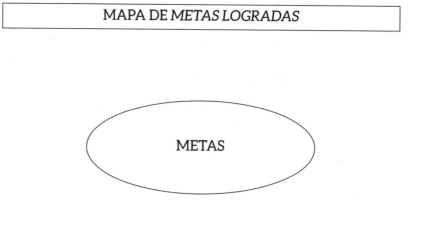

MAPA DE *METAS LOGRADAS*

METAS

Tensión corporal: _____

Veamos qué está haciendo tu Sistema-I activo.

A. ¿ Cuáles son tus depresores?

_____

B. ¿Cuáles son tus reparadores?

_____

C. ¿Cuáles son tus historias?

_____

D. ¿Cuáles son tus requisitos?

_____

E. Tus requisitos son el obstáculo que te impide avanzar. ¿Puedes desactivarlos?   Sí_____   No _____

2. Repite este mapa con tus prácticas de puente de conciencia. Escribe el mismo elemento dentro del óvalo. Antes de empezar a anotar tus pensamientos sobre lo que tienes que hacer para lograr tu objetivo escucha los sonidos de fondo, siente la presión de tu cuerpo sobre tu asiento, tus pies en el suelo y la pluma en tu mano. Tómate tu tiempo. Una vez que logres relajarte, no dejes de sentir la pluma en tu mano y empieza a escribir. Observa cómo el papel absorbe la tinta y escucha los sonidos de tu entorno. Durante los siguientes minutos escribe los pensamientos que te vengan a la mente.

> ## MAPA CON PMC DE *METAS LOGRADAS*

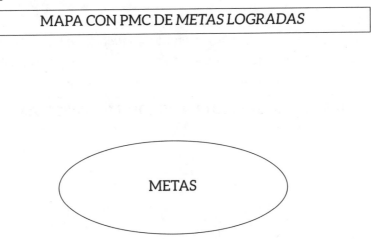

METAS

A. Dibuja un círculo alrededor de los elementos que *no* tienen tensión corporal. Éstos son posibles pasos de acción.

B. Elige tres de estos elementos como pasos de acción PMC que te gustaría tomar para conseguir tu objetivo. Haz una lista y empieza a emplearlos en tu vida diaria.

_____

_____

Usa este proceso de mapas de dos partes para separar los pasos del Sistema-I que te hacen sentir ansioso de los que descubres cuando estás en el modo ejecutivo (a partir de tu mapa de prácticas de puente de conciencia).

Recuerda que los elementos de tu mapa de prácticas de puente de conciencia que *no* producen tensión corporal o saturación mental son posibles pasos de acción PMC. Los que se generan y emplean con el Sistema-I encendido siempre limitarán tus resultados. Usa el proceso de mapas de dos partes todos los días para navegar por la vida en el modo ejecutivo.

¿TUS CUALIDADES TE DEFINEN O TE LIMITAN?

Toma un par de minutos para contemplar tus cinco cualidades más importantes. Escribe una de ellas (por ejemplo, *confiable, trabajador o cariñoso*) en cada una de las secciones del siguiente círculo. Una o dos palabras serán suficientes para cada cualidad.

MAPA DE *MIS CINCO CUALIDADES MÁS IMPORTANTES*

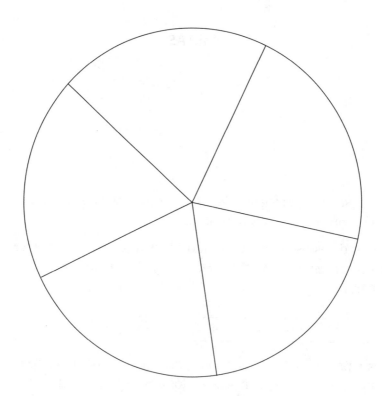

1. Estudia tu mapa y elimina la cualidad que sea menos importante para ti. ¿Cuál es tu reacción cuando te imaginas sin esta primera cualidad?

_____

_____

2. Elimina la siguiente cualidad que sea menos importante para ti. ¿Cuál es tu reacción cuando te imaginas sin esta segunda cualidad?

_____

_____

3. Nuevamente, elimina la siguiente cualidad que sea menos importante para ti. ¿Cuál es tu reacción cuando te imaginas sin esta tercera cualidad?

_____

_____

4. Elige entre las últimas dos cualidades de tu mapa y elimina la siguiente que sea menos importante para ti. ¿Cuál es tu reacción cuando te imaginas sin esta penúltima cualidad?

_____

_____

5. Contempla tu cualidad restante. Elimínala. ¿Qué sientes ahora?

_____

_____

Los niveles de ansiedad y tensión corporal, y la dificultad para eliminar estas cualidades que funcionan naturalmente, demuestran cuánto te limita tu Sistema-I. Se apodera de esas cualidades y las convierte en requisitos. Es como si tu bienestar dependiera de cumplir con éstos. Tu reacción y tus sensaciones corporales cuando eliminaste tus cualidades demuestran el poder de tu Sistema-I para definirte como una serie de cualidades limitadas. Con tu Sistema-I en calma, tu yo poderoso ya no se reduce a una percepción estrecha de quién eres. En ese estado de funcionamiento ejecutivo eres, tú, y no tu Sistema-I, quien decide cómo vas a vivir tu existencia sin sentirte ansioso.

PREVENIR LA ANSIEDAD

1. Crea un hábito de usar tus prácticas de puente mente-cuerpo en tu vida diaria y haz al menos un mapa al día.

2. Usa tu cuerpo como una brújula que te ayuda a sentir las señales personales y únicas de tensión corporal (presión en el estómago, temblor en las manos) que siempre ocurren cuando se empieza a acumular la ansiedad. Entonces usa todas tus herramientas para reducir la ansiedad y transitar hacia el modo ejecutivo.

3. Usa los mapas de poder para los requisitos ocultos difíciles que crean ansiedad.

4. Vive una existencia plena con tu Sistema-I en reposo.

APLICA LAS HERRAMIENTAS EN TU VIDA DIARIA

Ya has aprendido a usar todas tus herramientas de puente mente-cuerpo para sentirte menos ansioso, y también has hecho mapas, así como reconocido y desactivado muchos de tus requisitos. Estas herramientas silenciarán a tu Sistema-I para que puedas superar cualquier situación que se presente en tu vida sin dejarte impulsar por la ansiedad. Recuerda: cada momento que tu Sistema-I tiene el control es un momento en que te sientes ansioso e impotente. Cuando tu yo poderoso, en el modo ejecutivo, responde a una situación, tus decisiones te guían hacia la mejor vida posible.

Herramientas para reducir la ansiedad

> Usa los mapas de poder para salir de tu ansiedad.

> Vive con tu Sistema-I en reposo.

ESCALA DE EVALUACIÓN PMC: VIVIR SIN ANSIEDAD

Fecha: _____

Después de usar las herramientas de este capítulo durante varios días, selecciona la opción de cada pregunta que mejor describa tu experiencia: casi nunca, a veces, normalmente o casi siempre.

¿Qué tan seguido...	Casi nunca	A veces	Normalmente	Casi siempre
escuchas los sonidos de tu entorno?				
percibes las sensaciones debajo de tus dedos cuando bebes de tu vaso?				
sientes la gravedad?				
usas tus herramientas para reducir la ansiedad con el fin de disminuirla?				
tomas conciencia de actividades cotidianas como tender la cama, comer, o manejar?				
escuchas al agua caer por el desagüe mientras te bañas o te lavas las manos?				
usas tus prácticas de puente de conciencia para dormir?				
usas tus prácticas de puente de conciencia para relajarte y mantener la concentración?				
percibes las sensaciones corporales de tu Sistema-I activo?				
te das cuenta de que tu Sistema-I activo está detrás de tu ansiedad?				
sientes a tu depresor?				
sientes a tu reparador?				
desactivas a tu depresor?				
desactivas a tu reparador?				
reconoces tus historias?				
te das cuenta de que tus requisitos causan tus malestares diarios?				
reconoces y desactivas tus requisitos?				
te das cuenta de que tu yo impotente tiene el control?				
te das cuenta de que el yo impotente es un mito del Sistema-I?				
reconoces cuando estás en el modo ejecutivo?				
te das cuenta cuando tu yo poderoso funciona de un momento a otro?				
haces mapas diarios de mente-cuerpo?				
usas los mapas de poder?				
usas tus herramientas para reducir la ansiedad?				
vives tu existencia en modo ejecutivo, con tu yo poderoso en control?				

MEDIDOR DE CALIDAD DE VIDA DE PMC

Fecha: _____

Sólo debes usar este indicador cuando te has habituado a usar las herramientas para reducir la ansiedad de los primeros cuatro capítulos. Te permite medir tu progreso y llevar la cuenta de las experiencias que han cambiado tu vida.

En los últimos siete días, ¿cómo te has sentido en los siguientes rubros?

Subraya el número que corresponde a tu respuesta.	Nunca	Algunos días	Más de la mitad de los días	Casi todos los días
1. He sentido un interés positivo y placer en mis actividades.	0	1	3	5
2. He sentido optimismo, emoción y esperanza.	0	1	3	5
3. He dormido bien y me he despertado sintiéndome descansado.	0	1	3	5
4. He tenido mucha energía.	0	1	3	5
5. He logrado concentrarme en mis deberes y he tenido autodisciplina.	0	1	3	5
6. Me he mantenido con buena salud, he comido bien, he realizado ejercicio y me he divertido.	0	1	3	5
7. Me he sentido bien en mis relaciones con familiares y amigos.	0	1	3	5
8. He sentido satisfacción con mis logros en casa, en el trabajo o en la escuela.	0	1	3	5
9. He sentido tranquilidad respecto a mi situación económica.	0	1	3	5
10. Me he sentido bien con la base espiritual de mi vida.	0	1	3	5
11. Me he sentido satisfecho con el rumbo de mi vida.	0	1	3	5
12. He experimentado satisfacción y una sensación de bienestar y paz mental.	0	1	3	5

Resultados: Total por columna   _____ _____ _____ _____

0-15 .... Pobre
16-30 .... Regular
31-45 .... Bueno   Total _____
46 o más .... Excelente

CONCLUSIÓN

El diseño de este libro está basado en más de una década de investigación y experiencia clínica y ha sido adaptado específicamente para individuos con todo tipo de ansiedad. Cada mapa de puente mente-cuerpo es un reflejo único de tu persona. Los apéndices contienen un modelo de mapas de dos partes que puedes usar para mantener tu práctica diaria de mapas. Hacerlos te ofrece perspectivas sobre lo que está ocurriendo en tu vida aquí y ahora. Recuerda: cuando usas tus herramientas para reducir la ansiedad, tu poder interior, tu sabiduría y tu belleza fluyen hacia tu vida diaria.

Herramientas para reducir la ansiedad

CAPÍTULO 1

- Reconocer cuando tu Sistema-I está activo (encendido) o inactivo (apagado).
- Etiquetar pensamientos.
- Prácticas de puente de consciencia.
- Reconocer los sonidos de tu entorno.
- Reconocer lo que estás tocando.
- Reconocer colores, rasgos faciales y formas.
- Reconocer las sensaciones de tu cuerpo.

CAPÍTULO 2

- Crear mapas de mente-cuerpo de dos partes todos los días y repítelos cuando sientas ansiedad.
- Descubrir cómo los requisitos activan tu Sistema-I.
- Reconocer los requisitos para silenciar tu Sistema-I.
- Crear una amistad con tu cuerpo para que te sirva como brújula.

CAPÍTULO 3

- Reconocer la actividad del depresor.
- Estar consciente de tu historia.
- Desactivar al depresor.

CAPÍTULO 4

➤ Desactivar al reparador.

➤ Reconocer el ciclo depresor-reparador.

➤ Convertir la actividad del reparador en funcionamiento ejecutivo.

CAPÍTULO 5

➤ Desactivar los requisitos que tienes para otras personas y para las situaciones que se presenten.

CAPÍTULO 6

➤ Desactivar los requisitos que tienes para ti.

➤ Desactivar los requisitos que tienes para tus relaciones.

➤ Mapas espejo.

CAPÍTULO 7

➤ Expandir tu consciencia para reconocer si tus emociones han sido capturadas por el Sistema-I.

➤ Usar tu conciencia, que no juzga, para calmar a tu Sistema-I y restaurar tus emociones naturales.

➤ Cuando logres distinguir tus requisitos, hacer mapas burbuja de los elementos difíciles (pensamientos asociados con tensión corporal excesiva).

➤ Crear una amistad con tus síntomas de ansiedad.

CAPÍTULO 8

➤ Desactivar tus requisitos para asumir tus cuidados personales y apoyar tu bienestar.

➤ Descubrir y usar los pasos de acción PMC para que tus decisiones de estilo de vida sean más saludables.

CAPÍTULO 9

➤ Usar los mapas de poder para salir de tu ansiedad.

➤ Vivir tu existencia con tu Sistema-I en reposo.

¡Felicidades por haber terminado este manual! Has conseguido una libertad única: la capacidad para vivir tu existencia en el modo de funcionamiento ejecutivo con tu Sistema-I en reposo. Gracias a las herramientas para reducir la ansiedad que has aprendido en este manual, ahora puedes vivir el resto de tu vida con tu yo poderoso natural al mando.

APÉNDICE A

GUÍA DE MAPAS PUENTE MENTE-CUERPO PARA CADA DÍA

1. Elige un tema para un mapa y escríbelo en el óvalo. Puede ser tan sencillo como «¿Qué me preocupa?» o tan específico como cierta situación angustiante que te hace sentir ansioso. Ahora toma un par de minutos para escribir tus pensamientos sobre ese tema alrededor del óvalo. Sé lo más específico posible. Al terminar describe tu tensión corporal.

> ## MAPA DE *ELECCIÓN DE TEMA*

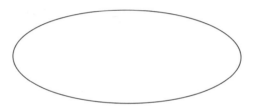

Tensión corporal:_____

    Veamos qué está haciendo tu Sistema-I activo.

A. ¿Cuáles son tus depresores?

_____

B. ¿Cuáles son tus reparadores?

_____

C. ¿Cuáles son tus historias?

_____

D. ¿Cuáles son tus requisitos?

_____

E. ¿Cómo es tu comportamiento en este estado de mente-cuerpo?

_____

2. Repite este mapa con tus prácticas de puente de conciencia. Escribe el mismo tema dentro del óvalo. Antes de hacerlo escucha los sonidos de fondo, siente la presión de tu cuerpo sobre tu asiento, tus pies en el suelo y la pluma en tu mano. Tómate tu tiempo. Cuando logres relajarte, siente la pluma en tu mano y empieza a escribir. Observa cómo el papel absorbe la tinta y escucha los sonidos de tu entorno. Escribe durante un par de minutos.

MAPA CON PMC DE *ELECCIÓN DE TEMA*

A. ¿Qué diferencia encuentras en comparación con el mapa anterior?

_____

_____

B. ¿Cómo actúas cuando estás en este estado de mente-cuerpo?

_____

_____

C. ¿Podrás desactivar el requisito del mapa anterior?

_____

_____

Recuerda: el control puede estar en poder de tu yo impotente o en poder de tu yo poderoso. La decisión es tuya.

APÉNDICE B

LENGUAJE MENTE-CUERPO

CAPÍTULO 1

Sistema-I: todos tenemos un Sistema-I que está activo (encendido) o en reposo (apagado). Cuando está encendido, te genera ansiedad. Sabes que se encuentra encendido cuando tu mente gira fuera de control, tu cuerpo está tenso, tu estado de consciencia se contrae y tu funcionamiento físico y mental disminuye. Se conoce como Sistema-I porque provoca que te identifiques falsamente con los pensamientos descontrolados y la angustia que genera.

Yo poderoso: es tu manera de pensar, sentir, ver el mundo y comportarte cuando tu Sistema-I está en reposo. Tu yo poderoso siempre opera en modo ejecutivo, por lo que tu mente y cuerpo funcionan en armonía, como una unidad para sanar.

Puente mente-cuerpo: cuando usas las herramientas de este manual, formas un puente entre tu Sistema-I activo, que puede encender la ansiedad, y tu yo poderoso que trabaja en el modo ejecutivo, para llevar la vida diaria de manera sana y sin sobresaltos.

CAPÍTULO 2

Requisitos: pensamientos que tu Sistema-I convierte en reglas mentales que te indican en cada momento cómo debes ser y cómo debe ser el mundo. Cuando se rompen las reglas de tu Sistema-I, te vuelves temeroso y ansioso.

Reconocer los requisitos: cuando estás completamente consciente de que es tu requisito, y no los eventos que te rodean, el que está activando tu Sistema-I, empiezas a funcionar en el modo ejecutivo que te permite sanar y recuperarte.

CAPÍTULO 3

Yo impotente: tu manera de pensar, cómo te sientes, cómo ves el mundo y cómo te comportas cuando tu Sistema-I está activo. La vida se vuelve abrumadora, tu funcionamiento ejecutivo disminuye y te cuesta trabajo controlar tu ansiedad.

Depresor: la parte del Sistema-I que transforma tus pensamientos negativos naturales y el diálogo interno (lo que te dices en tu mente) en tensión corporal y saturación mental. Te hace sentir débil, incapaz y vulnerable, y abre el camino para que empieces a sentirte ansioso.

Historia: los pensamientos que tu Sistema-I convierte en narraciones (verdaderas o falsas) que lo alimentan, te hacen sentirte ansioso y te alejan de tus actividades.

Desactivar al depresor: cuando ves con claridad que tus pensamientos negativos son sólo pensamientos y reduces el poder del depresor. Esto permite que tu mente-cuerpo empiece a sanar de la angustia física y mental causada por el Sistema-I.

CAPÍTULO 4

Reparador: socio del depresor que impulsa tus comportamientos cargados de ansiedad con excesivos e interminables pensamientos sobre cómo puedes repararte y reparar también al mundo.

Desactivar al reparador: cuando reconoces claramente (estando en alguna actividad) que tu reparador está activo y usas tus herramientas para reducir la ansiedad y lo dejas sin poderes. De inmediato sentirás una transición de tu estado estresado y cargado de ansiedad, a uno donde tu cuerpo y mente están relajados. Ahora puedes quedarte en calma y hacer lo que tengas que hacer en el modo ejecutivo.

Ciclo depresor-reparador: estos socios del Sistema-I crean un círculo vicioso que lo mantiene activo y te provocan sentirse ansioso.

CAPÍTULO 5

Desactivar requisitos: cada vez que usas todas tus herramientas para reducir la ansiedad respondes a una situación que antes te hacía sentir ansioso (encendía tu Sistema-I) con una mente lista y relajada, libre de ansiedad. Incluso, al no cumplirse la expectativa que el Sistema-I dicta sobre ti y el mundo, el requisito no tendrá el poder para encenderlo y causarte ansiedad.

CAPÍTULO 8

Pasos de acción PMC *(puente mente-cuerpo):* pasos para lograr una meta que surgen del proceso de hacer mapas de mente-cuerpo de dos partes y que son llevados a cabo por tu yo poderoso en el modo ejecutivo.

REFERENCIAS

Beck, J. S. 1995. *Cognitive Therapy: Basics and Beyond*. Nueva York: Guilford.

Block, S. H. y C. B. Block. 2007. *Come to Your Senses: Demystifying the Mind-Body Connection*. 2ª ed. Nueva York: Atria Books/Beyond Words Publishing.

Block, S. H. y C. B. Block. 2010. *Mind-Body Workbook for PTSD: A 10-Week Program for Healing After Trauma*. Oakland, CA: New Harbinger Publications.

Block, S. H. y C. B. Block. 2012. *Mind-Body Workbook for Stress: Effective Tools for Lifelong Stress Reduction and Crisis Management*. Oakland, CA: New Harbinger Publications.

Block, S. H. y C. B. Block. 2013. *Mind-Body Workbook for Anger: Effective Tools for Anger Management and Conflict Resolution*. Oakland, CA: New Harbinger Publications.

Block, S. H., S. H. Ho y Y. Nakamura. 2009. «A Brain Basis for Transforming Consciousness with Mind-Body Bridging». Documento presentado el 12 de junio de 2009 en la conferencia Toward a Science of Consciousness, en Hong Kong Polytechnical University, Hong Kong, China, Abstract 93.

Boly, M., C. Phillips, E. Balteau, C. Schnakers, C. Degueldre, G. Moonen *et al.* 2008. «Consciousness and Cerebral Baseline Activity Fluctuations". *Human Brain Mapping* 29 (7): 868-74.

Boly, M., C. Phillips, L. Tshibanda, A. Vanhaudenhuyse, M. Schabus, T. T. Dang-Vu, G. Moonen, R. Hustinx, P. Maquet y S. Laureys. 2008. «Intrinsic Brain Activity in Altered States of Consciousness: How Conscious Is the Default Mode of Brain Function?». *Annals of the New York Academy of Sciences* 1129: 119-29.

Dutton, D. G. y D. J. Sonkin. 2002. *Intimate Violence: Contemporary Treatment Innovations*. Binghamton, NY: The Haworth Maltreatment and Trauma Press.

Hayes, S. 2005. *Get Out of Your Mind and Into Your Life: The New Acceptance and Commitment Therapy*. (ACT). Oakland, CA: New Harbinger Publications.

Lee, M. Y., A. Uken y J. Sebold. 2004. «Accountability for Change: Solution-Focused Treatment with Domestic Violence Offenders». *Families in Society* 85 (4): 463–76.

Linehan, M. M. 1993. *Cognitive Behavioral Therapy for Borderline Personality Disorder*. Nueva York: Guilford.

Lipschitz, D. L., R. Kuhn, A. Y. Kinney, G. W. Donaldson, Y. Nakamura. Forthcoming. «Reduction in Salivary Alpha-Amylase Levels Following Mind-Body Interventions in Cancer Survivors». *Psychoneuroendocrinology*.

Nakamura, Y., D. L. Lipschitz, R. Kuhn, A. Y. Kinney y G. W. Donaldson. 2013. «Investigating Efficacy of Two Brief Mind-Body Intervention Programs for Managing Sleep Disturbance in Cancer Survivors: A Pilot Randomized Controlled Trial». *Journal of Cancer Survivorship* 7 (2): 165-82.

Nakamura, Y., D. L. Lipschitz, R. Landward, R. Kuhn y G. West. 2011. «Two Sessions of Sleep- Focused Mind-Body Bridging Improve Self-Reported Symptoms of Sleep and PTSD in Veterans: A Pilot Randomized Controlled Trial». *Journal of Psychosomatic Research* 70 (4): 335-345.

Rosenberg, M. S. 2003. «Voices from the Group: Domestic Violence Offenders' Experience of Intervention». *Journal of Aggression, Maltreatment, and Trauma* 7 (1-2): 305-17.

Tollefson, D. R., K. Webb, D. Shumway, S. H. Block y Y. Nakamura. 2009. «A Mind-Body Approach to Domestic Violence Perpetrator Treatment: Program Overview and Preliminary Outcomes». *Journal of Aggression, Maltreatment, and Trauma* 18 (1): 17-45.

Weissman, D. H., K. C. Roberts, K. M. Visscher y M. G. Woldorff. 2006. «The Neural Bases of Momentary Lapses in Attention». *Nature Neuroscience* 9 (7): 971-78.

Williams, M., J. Teasdale, Z. Segal y J. Kabat-Zinn. 2007. *The Mindful Way Rough Depression*. Nueva York: Guilford.

Dr. Stanley H. Block es profesor adjunto de psiquiatría en la University of Utah School of Medicine, y es psiquiatra y psicoanalista certificado. Es consultor del personal médico en los hospitales de la US Army and Veterans Administration. Es catedrático y consultor en centros de tratamiento alrededor del mundo, y coautor de los libros *Mind-Body Workbook for Stress, Mind-Body Workbook for* PTSD, *Mind-Body Workbook for Anger* y *Come to Your Senses*. Él y su esposa, Carolyn Bryant Block, viven en Copalis Beach, Washington. Puedes descubrir más sobre su trabajo en *mindbodybridging.com*.

Carolyn Bryant Block es coautora de *Bridging the I-System, Mind-Body Workbook for Stress, Mind-Body Workbook for* PTSD, *Mind-Body Workbook for Anger* y *Come to Your Senses*. Ha desarrollado las prácticas de puente mente-cuerpo en colaboración con otros profesionales.

Andrea A. Peters es educadora certificada en las prácticas de puente mente-cuerpo. Guió el desarrollo organizacional del material para las prácticas de puente mente-cuerpo.